# 건강한
# 사역자입니까?

| 일러두기 |

본문의 성경은 한글 개역개정을 사용하였습니다.

# Contents

1983년에 우리는 「사역을 위하여(Making Sense of the Ministry)」라는 목사 후보생들을 위한 책을 발간했습니다. 그러나 이 책은 큰 호평을 받지 못했습니다. 그후 1989년에 베이커 하우스(Baker Book House) 출판사는 이 책의 제2판을 증보판으로 간행했습니다. 신학교 교직원, 목사님 그리고 목사 후보생들이 이 책에 대해 보여준 반응은 고무적이었습니다. 특히 우리는 많은 사람들이 이 책의 제 3, 4장('사역을 위한 몇 가지 원리들')에 대해 호평하고 있음을 알았습니다.

척 스윈돌(Chuck Swindoll)은 〈삶을 위한 통찰(Living Insight)〉이란 라디오 프로를 진행할 때 이 책에 나와 있는 10가지 원리를 소개했습니다. 그러자 사람들이 이 책에 대해 새로운 관심을 보였습니다. 그러나 그 당시

이 책은 이미 절판되었고 재발간할 계획이 없었습니다. 그때 마침 우리의 절친한 친구이자 베이커 하우스 출판사의 편집자인 짐 웨버(Jim Weaver)가 제안을 했습니다. 목사님들과 목사 후보생 모두를 위한 기획판으로, 10가지 원리를 보완하여 다시금 책으로 펴내자는 것이었습니다.

우리는 세대가 다른 두 목회자 그룹을 묘사했습니다. 그래서 양극단에 치우쳐 있는 듯이 보이는 세대의 교회에 관해 어느 정도 균형잡힌 묘사를 하려고 노력했습니다. 그 묘사가 성공적이었기를 바랍니다. 이 책은 사역자들을 공박하려는 것이 아닙니다.

우리 두 사람은 사역하느라 늘 바쁩니다. 때문에 서로 의견을 나누며, 글을 쓰고, 내용을 서로 검토할 시간을 내기가 쉽지 않았습니다. 그러나 전화와 컴퓨터, 프린터 등과 같은 사무기기 그리고 주님의 축복이 있었기에 별 어려움이 없었습니다. 특히 출판사 직원들의 노고 덕분에 이 책을 출간할 수 있었음을 밝히며 감사드립니다.

우리는 이 책이 격변하는 시대에 사역하고 있는 하나님의 종들에게 도움이 될 줄로 믿습니다. 또한 목회 후보생들과 사역을 시작한 지 얼마 안 된 젊은 목사님들에게도 용기를 심어줄 줄로 믿습니다. 교회도 때때로 사람들에게 비난을 듣곤 합니다. 그러나 하나님의 백성들, 특히 목사님들을 통해 놀라운 일들이 일어나고 있습니다. 우리는 이런 사실로 인해 기뻐할 뿐입니다. 만일 우리가 목회 사역에 필요한 기본 원리들을 제시했다면, 장차 이로 인한 결실을 맺게 될 것입니다. 그러나 우리가 미처 검토해보지도 않고 새로 유포된 모든 사상을 수용했다면, 우리는 단지 바람을 잡으려고 노력했을 뿐임을 스스로 깨닫게 될 것입니다.

이 책에 나오는 목사님들과 교회에 관한 이야기는 모두 지어낸 것입니다. 우리가 여러분과 여러분의 교회, 또는 여러분이 사역 중에 알게 된 사람에 관해 언급한 줄로 생각한다면 오해입니다. 그러니 오해를 풀기 바랍니다. 불행히도, 우리가 묘사한 좋지 않은 일들이 교회에서 종종 일어나고 있습니다. 이는 교인들 역시 부패한 죄의 성향을 지닌 인간이기 때문입니다. 그래서 우리가 묘사한 좋은 일들은 그리 자주 일어나지 않고 있는 것입니다.

여러 해 동안 우리 두 사람은 사역에 관한 많은 책들을 읽고 큰 도움을 받았습니다. 그러므로 만일 이 책이 여러 사역자들에게 용기를 불어넣게 된다면 감사할 따름입니다. 왜냐하면 우리가 다른 사람들로부터 진 많은 빚을 갚는 방편 중 하나가 이 책이기 때문입니다.

서론

# 두 교회에 관한 이야기

"아마 이번이 우리의 마지막 목회 기간이 될 것 같아." 존 챈들러가 아내와 함께 저녁 식사 때 사용한 접시들을 세척기에 집어넣으면서 말했다. "그러나 나는 오히려 우리에게 다행이라고 생각해."

"그래요, 당신 말이 맞아요." 마르다는 늘 그랬듯이 남편을 격려하며 대답했다. 그녀에게 있어서 남편은 지금까지 자신이 보아온 사람들 중에 가장 위대한 설교가였다. 그리고 남편과 함께 주님을 섬겨온 32년은 항상 행복하고 활기찬 나날들이었다.

존이 계속 얘기했다. "주님이 함께해주시면 나는 남은 6, 7년도 잘 해낼 수 있을 거야. 그런 다음 콜로라도에 있는 우리의 조그마한 집으로 돌아가는 거지. 나는 거기에서 독서를 하고 낚시도 즐기면서, 주님이 내게 맡겨주시는 남은 사역을 충실히 감당할 거야."

"그렇게 해요. 당신은 지금까지 사역해온 교회들에서 많은 경험을 쌓았어요." 마르다가 대답했다. "당신은 항상 자신이 계획한 것을 실천해 왔어요. 그 점은 이곳 브라이어우드에서도 마찬가지일 거예요. 이곳은 우리가 처음으로 접하는 시골 교회예요. 그러니 우리 이곳에서 행복하게 지내기로 해요. 만일 이곳 교인들이, 당신이 제대로 일을 못할 거라고 생각했으면 당신을 초빙하지 않았을 거예요."

그러나 챈들러 목사는 일을 하지 않았다. 8개월 간의 고통스러운 기간이 흘렀을 때, 브라이어우드 뉴 라이프 펠로우십 교회의 목사인 그는 사임하려고 했다. 이전까지 그는 목회 사역을 잘 감당해왔었다. 그러한 그의 이력에도 불구하고, 브라이어우드의 젊은 교인들은 존이 제의한 모든 의견을 거부했다.

처음에 존은 교인들의 그 같은 반응에 좌절했다. 그래서 그는 "멍청한 사람들같으니라구!" 하고 중얼거리며 제직회 모임에서 돌아왔다. 다음에 그는 점차 신랄해져갔다. 그리고 교회 직원들에게 거의 말을 하지 않았다. 마침내 그는 자신이 사역할 시간이 얼마 남지 않았음을 느낀 후부터 호전적으로 변했다. 그 결과, 불행히도 교회 내에 적이 생기기 시작했다. 바로 그때 존을 구해준 사람은 제직회 회장인 톰 헤리스였다.

"목사님, 우리 교회는 목사님을 사랑하며 목사님이 계속 사역해주시기를 원합니다. 다른 직원들도 다들 그러기를 바라고 있습니다. 우리와 마찬가지로 청년들도 목사님과 사모님 같은 지도자를 원하고 있습니다. 목사님은 우리 모두를 변화시킬 수 있을 만큼 원숙하시며 많은 경험을 쌓으신 분입니다. 지금 목사님은 저희들을 있는 그대로 받아들이셔야 합니다. 그리고 주어진 상황에 유연하게 대처하셔야 합니다."

"그러나 아무도 내가 제시한 의견을 받아들이지 않고 있잖습니까!" 존이 이의를 제기했다. "교인들이 모두 나를 배척하고 있는 것 같습니다."

"그렇다면 앞으로 몇달 간만이라도 교인들에게 새로운 의견을 제시하지 마십시오. 목사님이 처음 오셔서 우리에게 하신 대로 설교해주십시오. 우리와 함께 지내면서 어느 정도 시간이 흐르면 점차 적응하실 수 있을 겁니다. 목사님이 우리를 이해하고 난 다음에는 우리 모두 함께 희망찬 앞날을 개척해나갈 수 있을 것입니다. 목사님은 지금까지 교회의 성장을 도모하셨을 것입니다. 그 점은 우리도 마찬가지입니다. 저는 우리 교인들이 아직 너무 젊고 남다르다는 사실을 인정합니다. 그러나 목사님이 이런 상황에 적응하시고나면 우리 모두 합력하여 주님의 일을 잘 해낼 수 있을 것입니다."

존은 톰에게 감사했다. 존은 톰이 얘기한 것에 관해 아내와 함께 의논하고 기도했다. 존과 마르다는 앞으로 무슨 일이 일어나더라도 계속 이 교회에 남아 사역하기로 결심했다. 존은 개인적으로 청장년 교인들을 만나러 다니기 시작했다. 그리고 마르다는 그들의 아내들을 방문했다. 그 결과, 오래잖아 모든 교인이 한 마음이 되었다. 현재, 존은 지난날 자신이 '하룻밤 사이에 교인들을 성장시키려고 한' 어리석은 일을 떠올리며 빙긋이 웃고 있다. 그는 '젊은 교인들' 에게 그 같은 자신의 잘못된 태도를 고백했다. 현재 브라이어우드 교회는 놀라운 역사를 일으키고 있으며 교인들도 날로 증가하고 있다. 그리고 존은 자신의 동역자인 부목사를 차기 전임 목사로 키우고 있다.

캐빈과 카렌 랜돌은 그레이스 바이블 교회에서 온 편지를 읽으며 흥분했다. 그들은 그 교회로부터 초빙받은 것이다! 캐빈은 바이블 칼리지에서 4년 동안 공부하고 3년 간의 졸업 과정을 마쳤다. 그는 이제 앞으로 3년 동안 자신을 도와줄 아내와 함께 첫 사역지에서 주님을 섬기게 된 것이다.

"나는 그레이스 교회에서 평소 하고 싶어했던 많은 일들을 할 거야." 캐빈은 신학교에서 사용했던 자신의 소중한 노트들을 챙기며 말했다. 그는 아내에게 짐꾸러미를 가리키면서 계속 말했다. "이 노트들에는 앞으로 교회를 변혁시키기 위해 필요한 사역안이 담겨 있지. 나는 아무리 힘들더라도 이 모든 계획을 실천할 거야."

"우리 딸 캔디도 그린필드처럼 조용한 마을에서 성장하게 된 것을 기뻐할 거예요." 카렌이 대답했다. "캔디는 이곳에서 양할머니와 할아버지들을 많이 두게 되겠군요. 아마 응석받이로 자라게 되겠지요!"

그러나 캔디는 그린필드에서 응석받이로 자라지 못할 뻔했다. 캐빈은 처음 부임한 때로부터 정확히 일 년 후에 사직서를 쓰려고 했다. 그리고 카렌은 짐을 꾸릴 채비를 했다. 이때 이들 부부에게서는 사역을 위한 열심과 기쁨을 찾아볼 수 없었다. 그러나 캐빈이 자신의 사직서를 당회에 제출하자, 당회원들은 즉각 사직서를 반려했다.

"목사님." 조지 손더스가 조용히 말했다. "목사님은 진정으로 사임을 원하는 건 아닐 겁니다. 저는 우리가 목사님이 지도하시기에 쉽지 않은 교인들임을 압니다. 그러나 목사님이 계속 우리를 지도해주시면, 우리는 모두 함께 배우고 주님의 일을 감당해나갈 것입니다."

"그러나 아무도 저를 따르려 하지 않는 것 같습니다. 더군다나 당신은 저를 당신의 아들이나 손자처럼 대하시는군요. 목사로 대하지 않고 말입니다." 캐빈이 불평했다.

"그렇습니까?" 조지가 빙그레 웃으면서 대답했다. "바울은 디모데에게 늙은이를 아비처럼 대하라고 가르치지 않았습니까?" 그는 자신이 항상 교회에 갖고 다니는 성경을 펼쳐 보이며 디모데전서 5장 1절을 읽기 시작했다. "늙은이를 꾸짖지 말고 권하되 아버지에게 하듯 하며."

캐빈은 잠시 침묵했다. 그때 해리 프레스턴이 입을 열었다. "목사님, 우리는 목사님과 사모님을 사랑합니다. 그리고 목사님이 여기 계셔서 우리와 함께 일하기를 원합니다. 역사가 오랜 우리 교회는 새로운 변화가 필요합니다. 우리는 목사님이 이 일을 할 수 있다고 생각합니다. 그러나 우리 같은 늙은이들을 지도하기란 쉽지 않을 것입니다. 목사님은 인내심을 갖고서 우리를 지도하셔야 할 것입니다. 목사님이 갖고 계신 새로운 아이디어는 우리에겐 온통 놀라운 것들뿐입니다. 그러나 목사님이 마음의 여유를 가지고 기다려주시면, 우리가 마침내 그 모든 것을 다 이해하고 받아들일 것입니다."

캐빈은 슬며시 자신의 사직서를 주머니 속에 집어 넣었다.

"제가 여러분께 사과해야 할 것 같군요. 저는 여러분들이 유순했으면 하고 바랐습니다. 그러나 이제 보니 제 자신이 먼저 유순하지 못했습니다. 우리 모두는 교회가 생동하고 성장하기를 희망하고 있습니다. 우리의 차이점은 제각기 다른 관점에서 그 같은 희망을 추구한 것일 뿐입니다."

그후 그레이스 교회에서는, 지난날 워털루(벨기에 중부의 마을. 1815년에 나폴레옹이 참패한 곳임 – 역주)에서 새로운 전기(轉機)를 일으킨 것과 같은 기도회가 열렸다. 캐빈과 교인들은 다같이 어려운 고비를 넘긴 것이다.

지금까지 살펴본 네 명의 헌신적인 하나님의 종들은 사역을 감당하려 할 때 어떤 잘못을 범할 뻔했는가? 챈들러 부부와 랜돌 부부는 주님을 위해 헌신하며, 사역을 위해 최선을 다해왔다. 그들은 교인들의 초빙을 받아 새로운 사역지에 부임했다. 교인들은 그들이 하나님의 뜻을 좇아 행할 줄로 생각했기 때문에 자기 교회에 초빙한 것이다. 그러나 얼마 안 있어 존과 캐빈은 자신이 사역지에서 행복하게 지내려 했지만 그러지 못했다고 말했다. 그리고 목사와 교인들은 서로 갈라설 지경에 이르렀다. 그것은 목사와 교인 모두에게 고통스러운 일이었다.

챈들러 부부가 '멍청한 사람들' 인 것 같은 교인들뿐인 브라이어우드 교회에 부임한 것은 주요 문제가 아니었다. 존이 실패한 근본 원인은 지난날에 자신이 거둔 성공의 비결을 변화를 원하는 브라이어우드 교회에 적용시키지 못한 데 있다. 그는 미국에서 '고전 시대' 로 불리우는 4, 50년대에 신학 교육과 목회 훈련을 받았다. 그러나 그가 자신의 마지막 목회 사역을 감당하게 된 때에는 미국 사회와 지방 교회의 모든 것이 급격하게 변해 있었다.

존이 이전에 사역한 교회들에서 성공적인 사역 원리로 삼았던 것들은 시간이 지난 다음에야 효력을 발휘했다. 즉, 브라이어우드 교회에서는, 그가 지도하게 된 교인들을 제대로 이해하고 난 후에야 비로소 효력을 발휘한 것이다. 존은 이전의 사역 형태와는 다른 새로운 시도를 해보았다. 그러자 청장년 교인들이 뜨거운 호응을 보내왔다. 그는 비로소 효과적인 사역을 하게 된 것이다. 존은 아내에게 말했다. "나는 내가 10년이나 젊어져서 교인들을 지도하고 있는 것 같아!" 그러면서 스스로 그 같은 사실을 실감했다.

랜돌 부부가 자신들은 경험이 부족했으며, 이상주의적이었고, 생각이 얕았다고 변명하기는 쉬웠을 것이다. 그리고 그런 변명 중 일부는 사실일 것이다. 그러나 주로 노인들만 사는 마을인 그린필드의 그레이스 바이블 교회에 부임한 랜돌 부부는 '멍청한 사람들' 이 아닌 '급진적인 사람들' 이었다. 따라서 그들이 바라는 변화는 비싼 대가를 요하는 것이었다. 존 챈들러 목사는 부임초에 옛것을 새것에 적용시키는 데 실패했다. 반면에 캐빈과 카렌은 새것을 옛것에 적용하는 데 익숙치 못했다. 그레이스 교회의 원로들은 자신들의 성향상, 자동적으로 젊은 목사 내외의 이상과 생활 방식을 배척했다. 때문에 캐빈은 마치 죽은 사람처럼 지내며, 내키지 않는 나날을 보내다가 사임을 결심했다. 만일 캐빈이 그대로 사임했다면, 그와 카렌은 자신들이 진심으로 사랑하는 교인들과 어울려 지내는 가운데 얻을 수 있는 귀중한 교훈을 체득하지 못했을 것이다.

불행히도 이들 두 목사와 교인들은 일시적이나마 큰 슬픔을 겪었다. 그러나 다행히도 이들 두 목사는 점차 교인들을 있는 그대로 받아들이고, 그들을 사랑하며, 그들로부터 배우기 시작했다. 그리고 교인들은 인내심을 갖고 기도하며, 목사와 함께 일하기로 결심했다. 그러자 교회에 변화가 일어났다. 즉, 그들 모두는 교회의 성장과 더불어 개인적으로도 성장하는 기쁨을 누리게 된 것이다. 한때 존은 브라이어우드 교회에서, 마치 어린이 놀이방에 나와있는 노인처럼 어색해했다. 그리고 캐빈은 공동묘지에 나와있는 산부인과 의사 같았다. 교회에 걸었던 기대가 무산되자 이들 두 사람은 낙심하고, 교인들에게 지나친 요구를 하였으며, 마침내는 불평하게 되었다. 하나님은 그들 앞에 열린 문을 놓아두셨지만, 그들은 그 문 위에 '출구' 라는 표지판을 매달려고 버둥거렸다. 그러나 하나님은 마침내 그 표지판을 '기회' 라는 팻말로 바꾸셨다.

우리는 챈들러 부부와 랜돌 부부 같은 목사 내외와 뉴 라이프 펠로우십 교회와 그레이스 바이블 교회와 비슷한 상황에 놓인 교회를 돕기 위해 이 책을 지었다. 이들이 안고 있던 문제의 해결책은 옛것을 버리고 새것을 수용하거나, 옛것을 채택하고 새것을 배척하는 것이 아니다. 대신 그 해결책은 항상 모든 교회와 사역에 적용할 수 있는 기본적인 사역 원리들을 재발견하는 것이다. 그리고 그 원리들을 적용하면서 다 함께 성장하는 것이다.

우리는 이 책에서 변하지 않는 사역 원리들을 다루었다. 우리가 힘쓸 일은 성공적인 사역을 위한 이 원리들을 따르는 것이다. 이 원리들은 그리 많지도, 복잡하지도 않다. 비록 이 원리들을 적용하는 방법은 변할지라도 이 원리들 자체는 변할 수 없다. 그래서 누군가는 이렇게 말했다.

**방법은 많지만 원리는 적다.**
**방법은 항상 변하지만 원리는 결코 변치 않는다.**

예를 들면, 크리스천은 사역을 할 때 반드시 하나님의 말씀과 기도에 의존해야 한다는 것이 기본 원리이다(행 6:4). 목사가 교인들에게 성경을 공부하고 기도하도록 권면하는 방법은 교회마다 다 다를 것이다. 다른 교회에서 성공적이었다고 해서 목사가 그 교회의 방법을 모방하는 것은 위험하다. 방법이란 불변하는 보편 원리를 상황에 맞게 바꾸어 적용하는 것이다. 따라서 방법이 원리를 대신할 수는 없다. 우리가 사용하는 방법이 성경의 원리에 일치할 때, 우리의 사역은 성공할 것이다. 우리가 하는 일에 대해 우리 자신이나 다른 사람이 뭐라고 평가하든지와 관계없이, 성경의 원리에 입각한 사역은 인간의 필요를 채워주고 하나님을 영화롭게 할 것이다. 그리고 때가 되면 하나님은 우리에게 큰 상을 베풀어 주실 것이다.

하나님의 각기 다른 여러 가지 모양의 은혜를 맡은 지혜로운 청지기(벧전 4:10)는 성경의 원리를 이해하고, 그 원리를 일상 사역에서 가장 잘 '구현할 수 있는' 방법을 선택하는 분별력을 지녀야 한다. "그러므로 천국의 제자된 서기관마다 마치 새것과 옛것을 그 곳간에서 내오는 집주인과 같으니라"(마 13:52). 몇몇 사람들은 부단한 변화와 새로운 것을 추구하면서 옛것을 무시하고, 새것이 옛것에서 비롯되었음을 잊어버린다. 또한 그들은 성공적인 사역을 위해 새것과 옛것을 적절히 같이 써야 한다는 사실도 잊어버린다. 만일 당신이 기존의 방법만을 중시한다면, 교회 내에서 새로운 역사를 일으키시는 성령을 훼방할 수도 있다. 또한 이와 달리 당신이 목회 사역을 하면서 새것만을 중시하고 옛것을 무시한다면, 올바른 원리에서 떠나 결국 사역에 실패할 수 있다.

존 챈들러와 캐빈 랜돌 그리고 교인들이 일단 옛것과 새것은 친구이지 적이 아니란 사실을 깨닫자 놀라운 결과가 일어났다. 즉, 그들은 늘 접하는 어려운 일들에도 불구하고 교회와 교인 모두가 성장하는 기쁨을 누리게 된 것이다. 다시 말해, 목사와 교인들은 솔직히 현실을 직시하고 겸손하게 하나님의 원리들을 따랐기 때문에 모두 다 성장한 것이다.

우리는 현재, 세대 간 견해가 다르고 교인들이 각자의 생각대로 하나님을 업신여기는 시대에 살고 있다. 그러나 성경은 이렇게 말하고 있다. "진동하지 아니하는 것을 영존하게 하기 위하여 진동할 것들 곧 만드신 것들이 변동될 것을 나타내심이니라"(히 12:27). 지금은 크리스천들이 참된 성장의 토대를 튼튼히 쌓아야 할 때이다. 우리는 항상 주님을 섬기는 데 필요한 보다 나은 방법들을 추구해야 한다. 그러나 우리는 반드시 그 방법들을 성경에 나와있는 원리로써 검증해야 한다.

수많은 사역자들이 행하고 있는 사역에 대해 일일이 제대로 평가하기란 쉬운 일이 아니다. 따라서 우리 모두 바울의 경고에 귀를 기울여야 한다. "그러므로 때가 이르기 전 곧 주께서 오시기까지 아무것도 판단치 말라 그가 어둠에 감추인 것들을 드러내고 마음의 뜻을 나타내시리니 그때에 각 사람에게 하나님으로부터 칭찬이 있으리라"(고전 4:5). 오직 하나님만이 어느 교회와 사역이 성공적인지를 아시고 훗날 우리에게 그 사실을 일러주실 것이다. 따라서 그 동안 우리는 하나님의 말씀에 순종하며 그분을 기쁘시게 하기 위해 최선을 다해야 한다.

토마스 제퍼슨(Thomas Jefferson)은 이런 말을 했다. "원리의 문제에 있어서는 바위처럼 굳게 처신하라. 그러나 방법론적인 문제에 있어서는 추세를 거스르지 마라." 선지자 이사야는 결코 제퍼슨을 만난 적이 없다. 그러나 그는 지도력에 관해 언급하였을 때, 바위와 강물의 이미지를 사용해 이렇게 말했다.

> "보라 장차 한 왕이 공의로 통치할 것이요 방백들이 정의로 다스릴 것이며 또 그 사람은 광풍을 피하는 곳, 폭우를 가리는 곳 같을 것이며 마른 땅에 냇물 같을 것이며 곤비한 땅에 큰 바위 그늘 같으리니" (사 32:1-2).

우리는 교회를 세워 나갈 때, 바위와 같은 강함과 견고함은 물론 강물과 같은 힘과 유동성이 필요하다. 철학자 알프레드 노스 화이트헤드(Alfred North Whitehead)는 이렇게 말했다. "변화 속의 질서와 질서 속의 변화가 필요하다." 원리는 바위와 같은 것이며, 방법은 강물과 같은 것이다. 그리고 그 둘이 합쳐 역사를 이루는 것이다.

**C.h.e.c.k P.o.i.n.t**

옛것은 새것이 탄생하는 자궁이다. 옛것을 이해하고 그 진가를 인정하라. 그리하면 당신은 하나님이 옛것에 새 생명을 부여하시는 것을 보게 될 것이다. 그리고 지금 상황에 맞게 그것을 적용할 수 있게 될 것이다.

# 1장
# 사역의 기초는 인격이다

마이크는 골목길로 접어들면서 서서히 차의 속력을 줄였다. 그리고 집 앞에 당도해서는 시동을 껐다. 그는 잠든 아내를 깨우지 않으려고 조심조심 집 안으로 들어갔다. 그러나 침실 문을 열고 들어서자 아내 도티가 기다리고 있었다.

"오래 기다렸어요." 아내가 말했다.

"당신도 알잖아. 당회 모임이 늦게 끝나는 걸." 마이크는 짐짓 미소를 띠며 대답했다. "왜 아직 안 자고 있었어?"

"당신과 얘기하려고 안 잤어요." 아내가 대답했다.

"그럼 내일 이야기하자구. 나 지금 피곤해." 마이크는 침대로 가면서 말했다.

“아니예요, 마이크. 지금, 바로 지금 얘기해요. 내일 경찰서에 가서 얘기하기 전에 오늘밤 나한테 얘기하는 게 더 나을 거예요.”

마이크는 걸음을 멈추고 돌아서서 아내의 얼굴을 쳐다보았다. 순간, 그는 아내가 울고 있었음을 알았다.

“경찰서라고?” 마이크는 놀란 표정으로 물었다. “경찰서에서 나한테 무슨 볼일이 있다는 거야?”

도티는 침대 가장자리에 걸터앉아 남편을 주시하고 있었다. 자신을 가엾게 바라보는 그 눈길에 마이크는 흠칫 놀랐다.

“마이크, 숨기려 하지 마세요. 나는 당신이 오늘밤, 당회에 참석하지 않았다는 걸 알고 있어요. 실비아가 전화했어요. 그 여자는 아트가 이미 귀가했는데 당신은 아직 귀가하지 않은 걸 알고서는 놀라더군요. 나는 당신이 어디 있었는지 알아요. 당신은 여기저기 돌아다녔지요? 경찰이 그런 당신을 목격하고서 자동차 번호를 적었어요. 경찰서에서 한 시간 전에 집에 전화했어요. 그래서 난 우리 아이들을 봐서, 제발 집에는 오지 말아 달라고 부탁했어요.” 도티는 잠시 숨을 내쉰 후 다시 말했다. “마이크, 지금 당신은 곤경에 처해 있어요. 그것도 심각한 곤경에…. 그러니 바로 지금… 우리 서로 얘기해요.”

헬렌은 페이스 교회가 처음으로 선임한 전문 회계 직원이었다. 그녀가 의심스러운 점을 파악하기 시작한 것은 일을 맡은 지 4개월 만이었다. 해마다 개최되는 교회의 큰 행사를 준비하면서, 그녀는 교회의 회계 장부를 꼼꼼이 검토해보았다. 그녀는 교회의 회계 집사들 중 누군가가 공금을 횡령해왔음을 확신했다.

그녀는 오랫동안 기도하며 숙고했다. 그러고나서 더 이상 혼자 고민만 하고 있을 수 없어 뉴만 목사에게 보고했다.

"그것 참 심각한 문제군요, 헬렌." 목사가 말했다. "좀더 조심스레 지켜보든지 아니면 진상을 명백히 밝혀 법정에 고소해야겠군요. 그러나 교인들은 어느 쪽도 원치 않을 겁니다. 단순히 돈이 문제가 아니거든요. 이것은 교회의 명예가 걸린 문제입니다."

"그럼 어떻게 하지요? 그냥 내버려둘 순 없잖습니까?" 헬렌이 물었다.

"우리가 먼저 할 일은 증거를 확보하는 겁니다." 뉴만 목사가 대답했다. "제가 은행 담당 직원과 얘기해보겠습니다. 그 사람은 신실한 크리스천입니다. 우리에게 좋은 조언을 해줄 겁니다."

교회의 수석 회계 집사가 출장 겸 휴가 여행을 떠난 동안, 교회가 필요로 하는 증거를 수집하기 위해 비밀스런 조사가 진행되었다. 그 결과, 그 회계 집사가 지난 10년 동안 5만 달러의 교회 공금을 횡령했음이 드러났다. 그가 여행에서 돌아왔을 때 이 사실을 추궁하자, 그는 처음에 완강히 부인했다. 그러나 확실한 증거를 들이대자 결국 그는 자백하기 시작했다.

사람들이 업무상 출장을 떠나서는 지나치게 공금을 많이 사용하는 것은 공공연한 비밀이다. 그러나 그 같은 죄를 저지르는 이중적인 삶은 결국 치명적인 대가를 치르게 된다.

요즈음 대중매체들이 중대한 잘못을 저지른 목사나 교회 공금을 횡령한 회계 집사 같은 교인들을 집중 보도하며 성토하고 있다. 위선을 행하다가 자신이나 자신이 사랑하는 사람들 그리고 복음에까지 치욕을 안기는 사역자들도 집중 보도의 대상이다. 우리는 사역자라 할지라도 자신의 위선을 끝내 숨길 수 없다는 사실을 안다. 오늘날, 각종 직업에 종사하고 있는 사람들이 위선을 행하고 있기 일쑤이다. 은행원들은 공금을 횡령하고, 운동 선수들은 금지 약물을 복용하고 있다. 법률가들은 증거를 날조하며, 정치가들은 뇌물을 받고 있다. 의사들은 마취제를 빼돌려 팔며, 부모들은 자기 자식을 속이고 있다. 교회는 죄인들이 숨어 지낼 수 있는 '도적의 굴'과 같은 곳이 아니다.[1] 사람들은 본성상 법정, 병원, 대학 강의실, 연방 수사국 등 어디에서나 가식적으로 행동하려 든다. 심지어 정상적이고도 행복한 생활을 영위해야 하는 가정에서조차 위선적으로 행동한다.

그러나 이런 상황이 '종교상의 죄'를 지을 수 있는 구실이 될 순 없다. 사람들이 사역자들과 교회 직분자들에게 거는 기대는 남다르다. 왜냐하면 그들은 크리스천이 행하는 사역은 인격과 불가분의 관계가 있다고 믿기 때문이다. 바첼 바레트 박스터(Batsell Barrett Baxter)는 75년 동안 처음 시행된 '라이만 비처 설교 강좌(Lyman Beecher Lectures on Preaching)'에 관해 연구한 후 이런 결론을 내렸다. "라이만 비처 강좌에서 가장 자주 다루어진 주제는 '설교자의 인격'에 관한 것이었습니다. 설교자의 인격은 성공과 실패를 좌우한 기초였습니다."[2]

필립스 브룩스(Phillips Brooks)는 1876~77년에 예일 대학에서 강의했다. 그는 그 강의에서 "사역을 위한 준비란 '사람을 사람답게 만드는 것'에 다름 아니다"라고 규정했다. 또한 그는 다음과 같은 말을 했다.

> 사역을 위한 준비는 단순히 어떤 기술을 연마하는 것이어서는 안 된다. 더욱이 풍부한 지식을 갖추는 것만이어서도 안 된다. 사역을 위한 준비는 유능한 말씀 증거자로서의 역량과 자질을 갖출 때까지, 사람의 전 인격을 연마하는 것이다.[3]

브룩스는 자신의 설교에서, "삶의 중요한 목적은 진실에 입각해 인격을 도야하는 것이다"라고 정의했다.[4] 달리 말해 우리는 각자의 재능이나 경험, 명성 그리고 개성을 갖추고 있을 것이다. 그러나 사역을 위한 기초는 인격이기 때문에, 인격을 갖추고 있지 못하면 우리는 아무것도 갖고 있지 못한 셈이다.

로버트 머레이 매케인(Robert Murray M'Cheyne)은 자신의 친구인 선교사 다니엘 에드워즈(Daniel Edwards)에게 편지를 보냈었다. 그 편지의 내용은 1840년 당시 그랬던 것처럼 오늘날에도 진실하다.

> 당신은 하나님의 검(劍), 하나님의 도구임을 기억하십시오. 나는 하나님의 성호를 위해 그분의 그릇으로 선택받은 당신을 신뢰합니다. 대개는 도구가 얼마만큼 순결하고 완전한지에 따라 성공 여부가 좌우됩니다. 예수님을 꼭 빼닮는 것보다 더 큰, 하나님이 축복해주신 재능은 없습니다. 순전한 사역자는 하나님의 장중에 붙들린 엄청난 병기입니다.[5]

인격은 삶의 원자재이다. 우리는 그것으로 성실하게 집을 짓거나 아니면 그것을 하찮게 여겨 결국 쓰레기 더미를 쌓거나 한다. 에이브러햄 링컨(Abraham Lincoln)은 인격이란 나무와 같으며, 명성이란 나무의 그림자 같은 것이라고 말했다. 링컨은 "그림자는 우리가 어떤 것에 대해 생각하는 바이며, 나무는 실제의 것이다"라고 말했다. 명성은 사람들이 우리가 그런 줄로 생각하는 것이다. 그리고 인격은 하나님과 거룩한 천사들이 우리가 그런 줄로 알고 있는 것이다. 복음 전도자 무디(D. L. Moody)는 인격이란 "사람이 어둠 속에 처해 있는 것"이라고 말했다. 금융가의 귀재인 모건(J. P. Morgan)은 인격을 "가장 믿을 만한 사람이 우리에게 보여줄 수 있는 것"이라고 정의했다.

인격은 예수님이 팔복의 가르침에서 묘사하신 것이자 자신의 삶과 복음 전도 사역에서 친히 보여주신 것이다. 인격은 바울이 갈라디아서 5장 22-23절에서 '성령의 열매'로 칭한 아름다운 자질들과 디모데전서 3장과 디도서 1장에 언급된 직무를 맡기에 적합한 자격들로 이루어진다. 인격을 갖춘 사람들은 정직하다. 그들이 하는 말과 행동은 전적으로 하나님께 헌신된 마음에서부터 비롯된다.[6] 정직은 내적으로 완전함을 뜻한다. 우리는 다른 사람들을 우롱하거나 스스로를 속이려 하지 않는다.

인격은 요셉이 보디발의 아내에게 "아니오"라고 말하고 정직과 순결을 지키기 위해 감옥에 간 것이다. 인격은 모세가 유대인들의 대변자로서 온갖 위험과 문제들을 감당해내기 위해 애굽의 왕자로서의 특권을 포기한 것이다. 그리고 자신의 인도를 받을 만한 자격이 없는 백성들을 40년 동안 희생적으로 섬긴 것이다. 또한 인격은 예레미야가 일생동안 자기 백성을 위해 성실하게 하나님께 간청한 것이자, 바로 눈앞에서 나라가 망한 것을 지켜본 것이다. 인격은 바울이 다음과 같이 말한 것이다. "형제들아 오늘까지 나는 범사에 양심을 따라 하나님을 섬겼노라"(행 23:1). 그리고 그가 이러한 말을 한 까닭에 다른 사람에게 뺨을 얻어맞은 것이다. 인격은 마틴 루터(Martin Luther)가 웜스 회의에서 이렇게 말한 것이다. "나는 여기 서있습니다. 나는 달리 할 수 있는 일이 없습니다. 하나님, 저를 도와주십시오. 아멘." 인격은 휴 라티머(Hugh Lattimer)가 니콜라스 리들리(Nicholas Ridley)와 함께 화형을 당하기 전에 그에게 이렇게 말한 것이다. "리들리 경, 안심하고 남자답게 행동하십시오. 오늘 우리는 하나님의 은혜 덕분에 영국에서 촛불처럼 빛을 발할 것입니다. 나는 그 누구도 이 불을 끄지 못하리라고 확신합니다." 인격은 짐 엘리엇(Jim Elliot)이 자신의 기고문에서 다음과 같이 말한 것이다. "인격을 갖춘 사람은 자신이 간직할 수 없는 것을 남에게 주거나, 남에게 내줄 수 없는 것을 탐내는 어리석은 자가 아니다."

인격은 공적 사역에 있어서의 놀라운 일들을 통해서뿐 아니라 일상의 은밀한 일들에서도 드러나게 마련이다. 예를 들면 이런 경우다. 거짓말을 하면 위기를 모면할 수 있을 때에 진실을 얘기하는 것, 누군가가 맡아야 할 책임을 대신 지는 것, 아무도 조사하지 않겠지만 일을 대충대충 하지 않는 것, 당신이 아무렇게나 대해도 개의치 않을 사람들을 돕기 위해 불필요한 희생을 감수하는 것, 인격은 당신이 어떻게 생각하든 다른 사람이 뭐라고 말하며 행동하든 개의치 않고 하나님 앞에서 진실된 삶을 사는 것을 의미한다. 오직 하나님만을 두려워하며 그분만을 기쁘시게 해드리려고 하면서 말이다.

인격을 연마하는 것은 온갖 삶의 경험을 체득하는 힘든 과정이다. 에

머슨(Emerson)은 자신의 에세이 「자기 신뢰(Self-Reliance)」에서 이렇게 언급했다. "인격의 효능은 서서히 형성되는 것이다. 이전에 지닌 모든 미덕은 인격 가운데서 녹아 효력을 발휘하게 된다."

크리스천에게 있어, 온전하고 거룩한 인격은 성경 말씀을 우리의 내적 자아의 일부분으로 삼으며 그 말씀에 순종할 때 형성된다. 그리고 경건하게 하나님께 예배하며 기도하기를 힘쓰고, 기쁘게 희생하며 기꺼이 다른 사람을 섬길 때에 형성된다. 인격은 우리가 고난당하는 중에 강화된다. 그리고 우리를 구원하셔서 자신의 이름을 영화롭게 하시는 하나님의 은혜를 의지할 때 강화된다. 이에 관해 욥은 다음과 같이 말했다. "내가 가는 길을 그가 아시나니 그가 나를 단련하신 후에는 내가 순금같이 되어 나오리라"(욥 23:10). 인격은 연단과 헌신, 용기와 의지, 바울이 경험하고 고린도후서 6장 3-10절과 11장 23절-12장 10절에 기록한 수많은 일들로 인해 형성된다.

대중매체가 발달된 오늘날에는 하찮고 재능이 특출하지 못한 사람들도 단시간 내에 국제적인 명성을 얻어 자신을 '단장'할 수 있다. 그러나 그런 명성은 인격을 보증해주지 못한다. 영국의 수상가(隨想家)인 월터 세비지 랜도르(Walter Savage Landor)는 결코 텔레비전 수상기를 보지 못했다. 그러나 그가 1세기 전에 다음과 같은 글을 썼을 때, 그는 '거짓 명성'이 어떤 것인지를 이해하고 있었던 것 같다. "하찮은 사람들이 땅바닥에 긴 그림자를 그리고 있으면 해가 지고 있다는 증거이다."

그러나 인격은 좀처럼 홀로 형성되지 않는다. 우리가 건전하고 균형 잡힌 인격을 지녔다면, 우리는 다른 사람들이 우리의 삶에 안겨주는 책임과 의무를 다해야 한다. 우리는 다른 사람들을 사랑하고 섬기는 중에 입을 수 있는 낙담과 상처를 경험해야 한다. 우리가 그러한 체험을 달가워하지 않더라도 말이다. 교회 일이든 집안 일이든간에 우리가 위임받아 맡은 책임은 우리의 인격 형성에 도움이 된다. 즉 우리가 책임을 다하려고 노력할 때, 우리는 하나님의 뜻을 좇고 그분을 기쁘시게 해드릴 수 있는 인격을 연마하게 되는 것이다.

크리스천이 행하는 사역은 본질상, 우리가 유혹에 넘어가는지 아닌지를 시험하는 기회를 우리 자신에게 매일 제공해준다. 우리는 우리를 신뢰하는 사람들과 계속 발전적인 친분 관계를 깊게 맺게 된다. 우리는 매주마다 사람들 앞에 서서 하나님의 말씀을 선포한다. 우리는 사람들의 호평에 우쭐해하거나 그들의 비판에 상처와 좌절감을 겪을 수 있다. 우리가 성공이라고 생각하는 것은 하나님 보시기에 실패일 수 있다. 반면 우리가 실패로 여기는 것은 지극히 하나님을 영화롭게 해드린 일로 나타날 수 있다.

목사는 모든 사람을 섬기는 종으로 부름받았다. 그렇지만 대부분의 목사들은 자신의 시간을 관리하는 데 직장인들보다 자유롭다. 목사가 비서에게 "그린(greens)에 다녀오겠다"고 말할 때 비서는 단번에 그 말뜻을 알아차리지 못할 수 있다. 즉 '그린'의 첫 글자가 대문자 G로서 목사님이 회의에 참석하겠다는 뜻인지, 아니면 소문자 g로서 목사님이 골프장에 다녀오겠다는 말인지 얼른 분간하지 못할 수 있다. 목사는 동기와 일의 성격에 따라 주님의 영광을 위하는 활동이면 무슨 모임에든 참석할 수 있다. 그리고 아무도 그 일에 관해 시시비비를 논하려 하지 않는다. 랄프 턴불

(Ralph Turnbull)은 이런 말을 했다. "경건한 생활을 영위하기 위해서는 시간을 관리해야 한다. 우리는 시간을 낭비하지 말고 하나님의 일을 위해 모든 시간을 사용해야 한다."[7]

우리가 경계해야 할 사항 중 하나는 조지 모리슨(George Morrison)이 '세속적인 일들에 습관적으로 탐닉하는 것' 이라고 말한 것이다. 우리는 습관적으로 설교를 준비하여 전한다. 그래서 우리의 심령은 하나님의 말씀으로 뜨거워져 있지 않다.(심지어 우리는 자신의 메시지에 스스로 감동하지도 않는다. 아마 우리는 단순히 하나님의 말씀을 '빌려서' 사용하고 있을 것이다.) 날마다 우리는 심령이 상한 자들과 함께 기도한다. 그러나 우리가 하는 기도는 늘 한결같아서 아무런 차이점이 없다. 말라기 선지자가 당시의 제사장들을 가리켜 단지 삯꾼일 뿐 목자가 아니라고 지적했을 때, 그는 오늘날 우리가 행하고 있는 것과 같은 식의 사역을 염두에 두었을 것이다.

우리가 진실하고 성실하게 사역에 힘쓰면, 우리는 크리스천으로서의 성숙한 인격을 연마하며 자신의 재능을 발견하고 발전시킬 수 있다. 그리고 하나님의 참된 백성이 되는 멋진 기회를 누리게 된다. 하나님의 진리를 연구하고 가르치며, 하나님의 백성을 섬기는 데 온 삶을 기울이는 것은 정말 특권이다. 자신에게 지워진 짐을 지며, 교회를 세우는 일에 전력하는 것 역시 특권이다. 이러한 기회를 낭비하거나 다른 일로 인해 기회를 저버리는 사람들은 대부분 너무 늦게서야 자신들이 헛수고를 했음을 깨닫는다.

인격이란 커다란 교회당처럼 인내하고 숙고하며, 하나님의 단계적인 계획을 좇는 중에 서서히 완성되는 것이다. 그러나 인격은 다음과 같은 것들에 의해 거대한 교회 건물처럼 소리없이 무너질 수도 있다. 즉, 서서히 수많은 비밀스런 장소에서, 우리 스스로는 알지 못하지만 하나님은 분명히 아시는 우리의 결함들로 인해 무너질 수 있는 것이다. 어느 날 폭풍우가 몰아치면 부실한 건물은 파괴되고, 웅장한 구조물은 무너질 것이다. 그때 사람들은 "무슨 일이 일어났는가?" 하고 물을 것이다.

인격의 타락은 '내적 역사'의 결과이다. 우리는 하나님을 떠나 방황하며 죄에 빠진다. 그때 우리는 다른 사람을 탓하거나 정상을 참작해달라고 간구하면서 책임을 회피하려 든다. 그러나 하나님의 법정에서는 아무런 변명도 통하지 않는다. 사람들은 대개 잠언 4장 23절 말씀에 유의하지 않기 때문에 타락한다. "무릇 지킬 만한 것 중에 더욱 네 마음을 지키라 생명의 근원이 이에서 남이니라."[8]

삶은 인격을 이루는 것이고, 인격은 우리가 내리는 결정 위에 이루어진다. 날마다 내리는 대소사의 모든 결정은 각기 합쳐져 우리의 인격을 이룬다. 삼손은 부모의 염원과 하나님의 율법을 거스렸다. 그는 자신의 결정이 블레셋인들의 감옥으로 향하는 첫걸음인 줄 깨닫지 못한 채 블레셋 여인과 결혼하기로 결정했다. 다윗은 전장(戰場)을 떠나 궁궐에서 쉬기로 결정했다. 그는 자신의 갑주를 곁에 벗어놓은 채, 마귀의 간계나 자신의 육체의 소욕에 맞서 대항하지 못했다. 반면에 요셉과 여호수아, 룻, 에스더 그리고 베드로와 요한 같은 사람은 하나님을 의지했다. 그리고 하나님의 백성과 함께하기로 결심하고 하나님의 일꾼으로 헌신했다.

인격의 타락은 대개 무시해서는 안 될 것을 무시하는 데서 비롯된다. 우리는 하나님의 말씀을 보거나 하나님의 백성과 함께 예배하는 것을 중단한다. 아니면 말씀을 묵상하며 기도하기 위해 더 이상 시간을 내지 않는다. 우리는 다른 사람을 구제하기를 중단하고 "어떻게 하면 이 일을 벗어날 수 있을까?" 하고 묻기 시작한다. 우리는 더 이상 경건한 사람이 되려 하지 않고 영적 훈련을 중단한다. 우리는 그리스도와 그분의 백성을 위한 우리의 특별한 사랑을 보여주는 희생을 감내하기를 중단한다. 우리는 이미 마음이 멀어진 까닭에 자신이 맡은 일을 기계적으로 수행한다. 우리는 아무도 모르니까 벌을 받지 않고 해낼 수 있다고 확신하며 '범죄할 채비'를 한다.

이러한 타락 과정은 결국 치명적일 수밖에 없다. 처음에는 방황하고, 그 다음에는 은밀히 죄를 범하다가, 마침내는 아무도 모르는 가운데 인격이 부패하여 완전 타락하고 마는 것이다. 시간이 흐르면서 우리는 죄를 짓는 것이 더욱 쉽다는 사실을 깨닫는다(우리는 시험에 빠진 것이 아니다. 우리가 스스로를 시험할 뿐이다). 그리고 쉽게 죄를 웃어넘겨 버린다. 우리는 자신에게 이렇게 말한다. "이것은 그다지 큰 죄가 아니야. 하나님은 나를 이해하시고 용서해주실 거야."

경각심이 없어진 마음과 더럽힌 양심을 따라 행동하면 인격이 부패하게 된다. 그럴 때, 우리의 주변 환경은 지루하거나 고통스러운 것으로 변모하고 만다. 그래서 우리는 선한 사람들과 사귀려 들지 않고 진실된 삶의 소중한 경험들을 더 이상 체득하려 하지 않는다. 그리고 우리 자신이 창조한 환상의 세계에서 대체물을 찾기 시작한다. 우리는 아무도 볼 수 없을 것이라고 생각하는 곳에서, 권력을 차지하고 성공을 즐기는 우리 자신의 비밀한 세계를 건설한다. 수시로 드나드는 이 상상의 세계에서 우리는 가족과 친구들이 발견하면 충격받을 부정한 욕망에 만족한다. 이 모든 부패한 실상은 교묘히 감추어져 있으므로 우리는 안전하게 죄악을 즐길 수 있다고 생각한다. 우리는 모든 죄악된 생각과 상상은 인격을 훼손하며 결국에는 드러나고 만다는 사실을 잊어버린다.

당신은 생각의 씨앗을 뿌리고 행동의 열매를 거두게 된다.
당신은 행동의 씨앗을 뿌리고 인격의 열매를 거두게 된다.
당신은 인격의 씨앗을 뿌리고 운명의 열매를 거두게 된다.

실제로 대부분의 사람들이 자신은 이중적인 삶을 즐기며, 못된 짓을 들키지 않고 해낼 수 있다고 생각하는 것은 비극이다. 그런 그들의 위선으로 인해 그들은 다른 사람들을 우롱한다. 그리고 표리부동으로 인해 스스로를 기만한다. 그러나 그들이 하나님을 우롱하고 그분의 엄정한 율법을 바꿀 수 있는 방법은 없다. "스스로 속이지 말라 하나님은 업신여김을 받지 아니하시나니 사람이 무엇으로 심든지 그대로 거두리라"(갈 6:7).

진실은 결국 밝혀지고 만다. "욕심이 잉태한즉 죄를 낳고 죄가 장성한즉 사망을 낳느니라"(약 1:15). 상상이란 자궁은 죄를 낳고, 살인자가 될 죄는 자라서 살인을 저지르기 시작하게 된다. 그때 인격도 살해당하고 헌신도 살해당하며, 행복한 가정과 명성, 사역도 살해당한다. 게다가 사역자도 죽고 말 것이다. 그 결과, 열매를 풍성히 맺은 과일나무가 가득한 과수원이 될 수 있는 곳이 쓰레기 더미로 변하고 마침내는 공동묘지가 되고 말 것이다.

손상된 인격을 회복하고 망쳐놓은 사역을 복구할 수 있는가?

만일 범죄자가 자백 대신 변명을 하고, 회개 대신 유감을 표명하며, 권위에 반항하고 이견(異見)을 구하러 다닌다면 대답은 "아니오"이다. 만일 범죄자가 평화가 없는데도 "평화, 평화" 하고 말하는 주변의 거짓 선지자의 품에 뛰어가 안긴다면 대답은 "아니오"이다. 만일 범죄자가 비싸지도 않고 고통스럽지도 않는 30일 간의 회복 강좌에 등록하고, 하나님의 정결케 하시는 역사보다 눈속임을 더 좋아하는 사람의 지도를 받는다면 대답은 "아니오"이다.

그러나 만일 범죄자가 겸손하게 죄를 고백하고, 엄격히 죄를 척결하며, 완전히 죄에서 돌이키고, 전적으로 하나님께 순복한다면 대답은 "예"이다. 그리고 그가 도공이신 하나님과 견습공들인 하나님의 일꾼들이 다시금 그릇을 빚을 때까지 인내하고 협조한다면 대답은 "예"이다. 본래의 건축 과정이 시간을 요하는 까다로운 것이었다면, 재건축 과정 역시 시간이 걸리고 보다 더 까다로울 것이다. 그러나 그 일은 결국 끝날 것이다.

범죄자가 손상된 인격을 회복한다면 그가 다시 봉사하도록 허용할 수 있는가?

만일 그의 회복 과정이 성경적이고 철저하며, 그가 진실하고 겸비하다는 증거를 보일 수 있다면 대답은 "예"이다. 연단의 목적은 회복이다. "형제들아 사람이 만일 무슨 범죄한 일이 드러나거든 신령한 너희는 온유한 심령으로 그러한 자를 바로잡고 너 자신을 살펴보아 너도 시험을 받을까 두려워하라"(갈 6:1). 회복의 목적은 친교이다. "그런즉 너희는 차라리 저를 용서하고 위로할 것이니 그가 너무 많은 근심에 잠길까 두려워하노라"(고후 2:7).

친교의 목적 중 하나는 사역이다. "몸 가운데서 분쟁이 없고 오직 여러 지체가 서로 같이 돌아보게 하셨으니"(고전 12:25).

성경적인 회복으로 시작하는 것은 성경적 친교와 섬김으로 끝나게 마련이다. 만일 회복 과정이 비성경적이면 그때에는 '친교'도 거짓된 것이고, '사역'도 위태롭게 된다. 그리고 비성경적으로 '회복된' 종은 다른 사람에게 유익을 끼치는 것이 아니라 해악을 끼치게 된다. 따라서 그가 행하는 그 어떠한 사역도 하나님을 모독하며 해악을 끼치게 되는 것이다.[9]

하나님의 진실된 종은 어떻게 하면 죄와 벗할 수 있는가 연구하지 않고 항상 섬기려는 자세를 가진다. 그들은 시편 기자의 말을 존중한다. "여호와를 사랑하는 너희여 악을 미워하라"(시 97:10). 그리고 솔로몬의 권면에 귀를 기울인다. "무릇 지킬 만한 것 중에 더욱 네 마음을 지키라 생명의 근원이 이에서 남이니라"(잠 4:23).

**C.h.e.c.k P.o.i.n.t**

인격이 파탄된 뒤에 다시 연마하는 것보다 처음부터 제대로 인격을 연마하고 간직하는 것이 더 쉽다. "이 땅에서 무엇보다 가장 중요한 일은 내 영혼을 정결케하는 것임을 내게 가르치소서." – 헨리 마틴(Henry Martyn)

# 2장
# 사역의 본질은 섬김이다[1]

교인들은 자신들의 목사가 한 말을 믿지 못했다. 짐은 하루 동안 열린 세미나에 참석하고 이제 막 돌아왔다. 그리고 자신이 배운 것을 교인들과 나누었다. 그의 설교 제목은 '내가 어떻게 그렇게 잘못할 수 있었는가' 였다. 그가 택한 설교 본문은 히브리서 13장 17절의 "너희를 인도하는 자들에게 순종하고 복종하라" 였다.

"나는 지금까지 3년 동안 여러분들의 목사로 지내왔습니다." 짐이 말했다. "그러나 나는 사역을 잘못해왔습니다. 나는 여러분들을 위해 일해왔습니다. 그러나 이제는 바뀔 것입니다. 지금부터 여러분들은 종이 되고 나는 지도자가 될 것입니다. 이것이 바로 성경적인 사역 형태입니다. 모세와 여호수아, 다윗, 바울은 이런 방식으로 일했습니다. 이제 우리도 이런 방식으로 일할 것입니다.

강단에 서서 설교하는 것은 제가 할 일입니다. 여러분들이 할 일은 교회에 사람들이 꽉차게 하는 것입니다. 교회의 사업 계획을 수립하는 것은 제가 할 일입니다. 여러분들이 할 일은 제 계획을 실행하고 예산을 집행하는 것입니다. 우리는 영적 군대이니 누군가가 대장이 되어야 합니다. 하나님은 목사를 대장으로 삼으셨습니다."

그러나 짐 목사의 설교는 잘못된 것이었다. 예배 후, 성도들은 마치 군사처럼 몰려나와 목사에게 전쟁을 선포했다. 그후 6개월 동안 그 교회에 무슨 일이 일어났는지는 천사들이 증거해준다. 귀신들은 그 동안 일어난 일에 박수갈채를 보냈다. 그러나 교인들은 더 이상 그 일을 기억하고 싶지 않아했다.

조는 천사가 자신을 깨우고 있음을 알아채지 못했다. 그러나 그는 무슨 이유에선지 갑자기 눈을 떴다. 처음에 그는 전화벨이 울리는 줄로 생각했다. 조는 일어나 앉아 기도하기 시작했다. 그때 전화벨이 울렸다. 브루스 히버트의 아내에게서 온 전화였다. 그녀는 지금 막 남편이 죽었다는 슬픈 소식을 알려왔다.

전화벨 소리에 밋지도 깨어났다. "무슨 일이에요?" 그녀는 잠이 덜 깬 채 물었다.

"노라 히버트가 막 전화했어. 브루스가 조금 전에 심장마비로 죽었다는군. 지금 가봐야겠어."

"제가 같이 갈까요?" 밋지가 물었다. "제가 같이 가더라도 그 동안 빌리가 잔과 피트를 돌볼 수 있을 거예요."

"아니, 당신은 아이들을 위해 여기 있어야 해. 그러나 가능한 빨리 교인들을 불러 음식을 준비하고 노라를 도울 수 있도록 조처해줘. 그리고 필에게 전화해서 함께 골프치고 점심 먹기로 한 약속을 취소해줘. 오늘 마침 내가 쉬는 날이었으니 망정이지 아니면 중요한 일들을 오늘 내로 다 처리하지 못할 뻔했어."

밋지는 졸린 상태에서 남편이 얘기하는 것을 들었다. 그의 말은 자신들의 사생활이 침해당할 때마다 남편에게서 자주 듣는 얘기였다. "여보, 우리는 다른 사람을 섬기기 위해 이곳에 와있다는 사실을 명심하도록 해요. 교인들이 내가 한 설교 내용은 잊어버리더라도 우리의 수고만은 오랫동안 기억할 거야."

사역의 본질은 섬김이다. 예수님은 이렇게 말씀하셨다. "나는 섬기는 자로 너희 중에 있노라"(눅 22:27). 그러나 짐 목사가 세미나에 참석해서 배운 것은 '성령 충만한 사역자의 지도력' 에 관한 것이 아니었다. 대신 자기중심적인 철권 통치에 관한 철학이었다. 교회의 슈퍼 스타들은 어떻게 해야 양들의 유익과 하나님의 영광을 위하여 양들을 지도하는 목자가 되는지를 알지 못한다. 짐이 세미나에서 배운 것은 그가 목자의 옷을 걸친 늑대가 되도록 충동질했을 뿐이다. 그는 자기 자신을 만족시키기 위해 교인들을 이용하였으며 결국 그들을 파멸시켰다.

마지 못해 예수님이 행하신 일을 수행하는 자는 그 누구도 참된 크리스천의 사역을 감당해낼 수 없다. 예수님은 친히 수건을 들고서 남의 발을 씻겨주는 종이 되셨다. 6세기의 수도사인 존 클리마쿠스(John Climacus)는 이런 말을 했다. "사자로 하여금 양을 돌보도록 하는 것은 옳지 못합니다. 열정에 사로잡혀 여전히 포학한 정치를 일삼는 사람이 열정적인 사람들을 다스리는 것 역시 위험한 일입니다."[2]

'사역자'에 해당하는 영어 단어는 라틴어에서 비롯된 것으로 그 뜻은 '부하', '종', '수행원' 또는 '조력자'이다. 로마인들은 이 단어를 가복(家僕), 신전에서 신들을 섬기는 사제 또는 공공 관리를 가리키는 데 사용했다. 로마 제국에는 적어도 육천만 명의 노예들이 있었다. 그 노예들은 인간으로 취급받지 못했다. 당시의 노예들은 사고 팔거나 헌 가구처럼 내다 버릴 수 있는 물건 취급을 당했다. 로마인들은 종이 되는 것을 매우 비천한 일로 여겼다. 그러나 예수님은 자신의 삶과 죽음을 통해, 그리고 자기 백성에게 성령을 주심으로써 그런 인식을 변화시키셨다. 그는 종의 마음이 가장 행복하고 무엇보다 자유로움을 증명해보이셨다. 이것은 곧 상류 계층의 가치관을 뒤엎는 것이었다.

신약 성경에는 '종'을 가리키는 단어로 여러 단어가 사용되었다. 그 단어들은 모두 크리스천의 사역을 가리키는 것이다. '오케테스(oketes)', 집안의 종을 가리킨다. '둘로스(doulos)', 다른 사람에게 예속되어 있는 종을 가리킨다. '휴페레테스(huperetes)', 수하의 종, 부하를 가리킨다. '디아코노스(diakonos)', 하인, 수행원 또는 사역자를 가리킨다. 바울은 자신을 '예수 그리스도의 종(둘로스)'이라고 칭하기를 부끄러워하지 않았다(롬 1:1; 고후 4:5; 갈 1:10; 빌 1:1; 딛 1:1). 그리고 종종 자신을 가리켜 '예수 그리스도의 사역자(디아코노스)'라고 칭했다(고전 3:5; 고후 3:6; 6:4; 엡 3:7; 골 1:23). 바울은 사역자란 하나님과 하나님의 백성의 종임을 조금도 의심치 않았다. "…예수를 위하여 우리가 너희의 종된 것을 전파함이라"(고후 4:5).

존 스토트(John R. W. Stott)는 다음과 같이 말했다. "1세기의 고린도 교인들의 삶을 더럽힌 수치스런 제사가 지금도 기독교권 안에서 계속되고 있습니다. 오늘날, 일부 교회 지도자들은 매우 부도덕하고 부끄러운 일로 세간의 주목을 받고 있습니다."[3] 어느 한 목사가 허드슨 테일러(J. Hudson Taylor)를 회중에게 '우리의 위대한 손님'으로 소개했다. 그러나 테일러가 다음과 같이 말하자 그는 무척 당황해했다. "사랑하는 여러분, 저는 위대한 주인이신 하나님의 하찮은 종에 불과합니다."[4] 테일러는 〈중국의 수많은 사람들(China's Millions)〉이라는 잡지에서 다음과 같이 증거했다. "하나님의 모든 위대한 일꾼들은 실상 연약한 사람들입니다. 그럼에도 그들은 하나님이 자신과 함께 하심을 믿었기에 위대한 일들을 해냈습니다."[5]

하나님의 위대한 일꾼 중 한 사람은 존 웨슬리(John Wesley)이다. 1757년 7월에 웨슬리는 일주일 동안 말을 타고 여행하면서, 서로 다른 여덟 마을에서 10번이나 설교했다. 그는 자신의 기고문에서 "정말이지 저는 항상 설교하며 지내는 제 인생을 기뻐했습니다!"라고 고백했다.[6] 하나님의 참된 종들은 남을 섬기며 살아간다. 따라서 그들은 항상 올바른 생각, 성경적인 사고를 한다. 예수님은 이렇게 말했다. "나의 양식은 나를 보내신 이의 뜻을 행하며 그의 일을 온전히 이루는 이것이니라"(요 4:34).

노예에게 가장 힘든 일은 아마 주인에게 "아니오"라고 말하기가 불가능하다는 점일 것이다. 노예들은 주인의 지시에 동의하든 안 하든 간에 지시받은 것을 이행해야 한다. 그러나 그리스도와 그분의 종 간의 관계는 그렇지 않다. 그분은 이렇게 말씀하셨다. "이제부터는 너희를 종이라 하지 아니하리니 종은 주인이 하는 것을 알지 못함이라 너희를 친구라 하였노니 내가 내 아버지께 들은 것을 다 너희에게 알게 하였음이라"(요 15:15).

요한복음에 나오는 종들은 다른 사람들이 알지 못한 것을 알고 있었음이 흥미롭다. 가나의 혼인 잔치에서 종들은 최상급 포도주가 어디서 나온 것인지를 알았다(요 2:9). 그리고 고관의 종들은 언제 그의 아들이 쾌차하였는지를 알았다(요 4:51). 예수님의 제자들은 예수님이 자신들에게 가르쳐주신 것을 완전히 이해하지는 못했어도, 그 숙명적인 유월절에 무슨 일이 일어날 것인지를 알았다(요 13:19; 14:29). 사단은 자신의 종들을 흑암 속에 가둬 놓고 있다(행 5:7). "의인의 길은 돋는 햇살 같아서 크게 빛나 한낮의 광명에 이르거니와"(잠 4:18).

그러나 우리의 주인이신 하나님이 우리에게 지시할 때, 항상 지시 사항과 연관된 모든 일을 알려주시지는 않는다. 하나님은 적어도 두 가지 이유에서 그렇게 하신다. 첫째, 우리가 아직 이해할 수 있는 단계가 아니기 때문이다(요 13:7; 16:12). 둘째, 우리가 믿음을 좇아 살 때, 우리는 약속에 입각해 사는 것이지 설명에 입각해 사는 것이 아니기 때문이다. 아브라함은 고향을 떠나되 갈 곳을 알지 못하고 떠났다(히 11:8). 그 같은 순종 행위는 5개년 계획과 장기 계획을 갖고 있는 오늘날의 최고 경영자들을 놀라게 하기에 충분할 것이다. 아브라함은 자신의 사랑하는 아들인 이삭을 잡아 제단에 바쳤다. 그는 이삭이 그냥 살게 될는지, 죽는다면 죽은 자 가운데서 다시 살아날는지(히 11:17-19) 알지 못한 채 그렇게 했다. 예수님은 매일 매

순간마다 남을 섬기시며(요 11:9), 매일 아침마다 하나님 아버지로부터 계시를 받으셨다(사 50:4-5; 막 1:35).

요한복음 15장 15절에서 '친구'로 번역된 단어는 '궁전에서의 왕의 친구들'을 의미한다. 권력을 지닌 사람들은 항상 막역한 친구와 충성스러운 조력자들을 많이 거느리고 있다. 우리의 왕이신 예수 그리스도의 보좌에서 우리가 누릴 지위가 바로 이런 것이다. '하나님의 친구'인 아브라함처럼(대하 20:7; 사 41:8; 약 2:23), 우리는 하나님의 비밀을 함께 나눌 수 있다. 그리고 기도와 섬김을 통해 하나님의 뜻을 이 땅에서 이루어드릴 수 있다(창 18장). "여호와의 친밀하심이 경외하는 자에게 있음이여 그 언약을 저희에게 보이시리로다"(시 25:14).

성경에는 하나님의 백성이 필요로 하는 종의 사역이 어떤 것인지를 가장 잘 보여주는 두 가지 교회상(敎會象)이 나와있다. 그것은 바로 가족과 무리이다. "우리는 그의 것이니 그의 백성(가족)이요 그의 기르시는 양(무리)이로다"(시 100:3). 하나님의 백성들이 영적으로 성장하는 데는 사랑과 영적 부모 그리고 신실한 목자가 필요하다.

우리가 하나님의 가족을 섬긴다는 것이 무슨 의미인지 살펴보자. 복음 전도자와 목회자로서 바울은 영적 아비처럼 교인들을 섬겼다. "내가 너희를 부끄럽게 하려고 이것을 쓰는 것이 아니라 오직 너희를 내 사랑하는 자녀같이 권하려 하는 것이라. 그리스도 안에서 일만 스승이 있으되 아비는 많지 아니하니 그리스도 예수 안에서 내가 복음으로써 너희를 낳았음이라"(고전 4:14-15).

그리스도를 믿는 것과 하나님의 가족이 되는 것은 같은 일이다. 그러나 크리스천답게 행동하는 것과 하나님의 가족으로서 행복하게 사는 것은 다른 일이다. 산부인과 의사와 소아과 의사는 저마다 중요한 소임을 수행한다. 그리고 '영적 아비'는 간혹 두 가지 일을 다 수행한다. 복음을 전할 때 경험하는 비극 중 하나는 사람들을 전도하여 성경 말씀으로 양육하는 대신, 그들을 포기했다고 고백하게 되는 경우이다.

하나님은 신자들에게 함께 영적으로 성장하고, 한 가족으로서 섬기라고 명하신다. 하나님의 가족은 완전하지 않다. 그러나 하나님은 여러 방식으로 자신의 자녀들을 성숙시킨다. 하나님 아버지는 자신의 자녀들이 영적 '부모'의 보호하에 있기를 원하신다. 여기서 영적 '부모'란 하나님의 자녀들을 부양하며(고전 3:1-3), 그들을 연단하고(고전 4:14-21) 보호할 수 있는(고후 11:1-6) 사역자를 말한다. 바울은 데살로니가 교회의 초신자들에게 다음을 상기시켰다. "도리어 너희 가운데서 유순한 자가 되어 유모가 자기 자녀를 기름과 같이 하였으니"(살전 2:7). 거기에 덧붙여 이렇게 말했다. "너희도 아는 바와 같이 우리가 너희 각 사람에게 아버지가 자기 자녀에게 하듯 권면하고 위로하고 경계하노니"(살전 2:11).

아이를 양육하는 어머니의 모습에 비견해 우리는 바울이 어떻게 하였는지를 능히 상상할 수 있다. 그는 자기 자신의 삶을 초신자들과 나누었으며, 그들을 가정부에게 맡기지 않았다. 아이를 양육하는 어머니는 젖을 먹고 자라는 자신의 아이 곁에서 멀리 떠나있지 못한다. 어머니는 아이를 그런 식으로 양육하는 가운데 자신의 사랑을 표현한다. 물론 신자들이 자신의 영적 교사의 품에서 떨어져 젖을 떼며, 스스로 밥을 먹는 법을 배워야 하는 때가 도래한다(시 131편; 고전 3:1-3; 히 5:12-14).[7] 그러나 우리는 어른이 되어서도 부모의 사랑이 필요하다. 부모는 그러한 자신의 자녀들이 성숙하고 다른 사람의 성장을 돕는 것을 보게 되면서 기뻐한다.

영적 아비로서 바울은 자신의 영적 자녀들 한 사람 한 사람("너희 각 사람")을 지도하고 권면하느라 시간을 다 보냈다. 〈크리스천 군병들에게(Onward Christian Soldiers)〉에 기고한 사빈 바링 굴드(Sabine Baring-Gould) 목사는 열여섯 아이의 아버지였다. 이따금 그는 그 아이들을 모두 기억하기 어려울 때가 있었다. 어느 크리스마스 파티 때, 그는 예쁜 아이에게 물었다. "귀여운 꼬마 아가씨는 누구 딸이지?" 그러자 그 아이는 눈물을 글썽이며 대답했다. "아빠, 나는 아빠 딸이잖아요!"[8] 바울은 이런 실수를 하지 않았다.

바울은 자신의 자녀들을 지도했을 뿐 아니라 모든 아버지가 그러듯이 그들을 위해 좋은 본을 보였다. "우리가 너희 믿는 자들을 향하여 어떻게 거룩하고 옳고 흠 없이 행하였는지에 대하여 너희가 증인이요 하나님도 그러하시도다"(살전 2:10). 아이들은 우리의 말보다 행동에서 더 많은 것을 배운다. 따라서 거룩한 본을 보이는 것을 대신할 만한 것이 없다. 바울이 에베소의 디모데에게 다음과 같이 권면한 이유가 바로 여기에 있다. "오직 말과 행실과 사랑과 믿음과 정절에 있어서 믿는 자에게 본이 되어"(딤전 4:12).

"그러므로 감독은 책망할 것이 없으며…"(딤전 3:2). '책망할 것이 없는' 이란 말의 어근은 "…을 붙들다' 는 뜻이다. 이는 곧 사역자들이 책망받을 것이 없다는 것은 아무도 그들을 비난할 여지가 없음을 시사해준다. 사역자들도 죄나 흠이 없는 사람이 아니다. 그러나 그들은 책망받을 것이 없고 비난당할 만한 점이 없도록 노력해야 한다.

교인들의 성장을 위해 영적 부모로서 그들을 섬기는 것은 쉬운 일이 아니다. 그리고 아무도 혼자서는 그 일을 해낼 수 없다. 교인들은 제각기 영적 성장 단계가 다르다. 그리고 그들 중 일부는 특별한 주의를 요하는 어려운 문제들을 안고 있다. 원로 교인 개개인을 다 돌아보며 초신자들을 성공적으로 한 가족이 되게끔 하는 일은 기도와 인내를 요한다. 그리고 그 어떤 사역자가 이용할 수 있는 것보다 더 많은 시간을 필요로 한다. 그러나 하나님의 도우심을 힘입어, 우리는 우리가 할 수 있는 최선을 다해야 하며 남은 문제는 하나님께 맡겨야 한다.

양 떼로서의 교회의 모습은 역동적인 대도시들과 변화하고 있는 시골 마을로 이루어져 있는 우리의 현 세계와는 거리가 먼 것처럼 보인다. 우리 교회의 어린이들 대부분과 청년들은 양 떼를 본 적이 전혀 없을 것이다. 따라서 그들은 양들이 어떻게 행동하는지 알지 못할 것이다. 물론 그들이 텔레비전에서 양들을 보았거나 쇼핑센터에 전시된 크리스마스 장식품에서 양들을 본 경우는 제외하고 말이다. '여호와는 나의 목자시니' 는 우리가 잘 알고 있는 구절이다. 그러나 대부분의 사람들은 이 구절을, 깨끗한 공기와 푸른 초장으로 둘러싸인 고풍스런 시골 마을로 이루어져 있던 옛 세계에 해당하는 것으로 여길 것이다.

그러나 양 떼로서의 교회의 개념을 현 시대와 무관한 것으로 여기는 것은 옳지 않다. 역사가 웨인 믹스(Wayne A. Meeks)는 다음과 같이 주장했다. “예수님이 십자가에 못박히신 지 10년 내에 팔레스타인의 전통 촌락 양식은 퇴색해버렸다. 그리고 그레코로만형의 도시가 점차 기독교권의 주요 환경이 되어버렸다.”[9] 사실, 다음과 같은 바울의 말은 영향력이 막강한 대도시인 에베소의 장로들에게 한 말이었다. “여러분은 자기를 위하여 또는 온 양 떼를 위하여 삼가라. 성령이 그들 가운데 여러분을 감독자를 삼고 하나님이 자기 피로 사신 교회를 보살피게 하셨느니라”(행 20:28).

오늘날 일부 교회들이 어려움에 처해있는 이유 중 하나는, 그들이 진실로 어떠해야 하는지에 관한 성경적 개념을 잃어버렸기 때문일 것이다. 우리는 변화하고 있는 세계에 ‘순응하기’ 위해 노력하는 가운데 경솔하게 목자와 양의 관계를 저버리고 있다. 그리고 최고 경영자와 같은 목사, 관리 위원과 같은 장로, 섬김받는 고객과 같은 교인이란 공통된 모습을 무분별하게 받아들이고 있다. 그러는 가운데 우리는 목사와 교회가 당연히 그래야 하는 것으로 여기는 우리의 기대를 슬며시 바꾸고 있다. 그 결과, 종종 교회 안에 분쟁이 발생하고 고통을 겪게 된다. 어느 한 대교단에서 50명도 넘는 목사들이 압력에 밀려 사임한 일이 있다. 그 주요 원인 중 하나는 목회자와 교인들 간에 사역에 관한 이해가 서로 달랐던 것이다.

예수님이 자신을 선한 목자로 일컬은 것이나 자기 백성을 양 떼로 비유한 것은 우연한 일이 아니다. 만일 원한다면 고대의 시골 풍경을 상상해 보라. 그 풍경은 오늘날 반드시 필요한 몇 가지 실제적인 진리를 일깨워줄 것이다. 물론 ‘무리’는 성경에 나와있는 교회의 유일한 모습이 아니다. 그러나 ‘무리’가 자주 언급되어 있음으로 보아, 우리는 그것이 중요하다는 사실을 충분히 알 수 있다. 만일 ‘목자 – 목사’라는 명칭이 예수님과 바울에게 적합한 것이라면, 그것은 우리에게도 적합한 것이어야 한다.

분명히 말해 목자들은 자신의 양을 돌본다. 그들은 자신의 양을 알고 이름을 불러 양들을 모을 수 있다. 그들은 자신의 양을 꼴과 물, 은신처를 제공할 수 있는 곳으로 인도한다. 그들은 대적들로부터 양을 보호하며, 양이 자상(刺傷)이나 타박상을 입었을 때 치료약을 공급한다. 그들은 양들이 계속 자라나는 양모를 공급하고, 젖을 제공하며, 나름대로 번식할 수 있도록 해준다. 어떤 양이 길을 잃어버렸을 때, 목자는 그 양을 찾아나서며 발견하고서는 다시 데려온다.

지역 교회와 목사, 장로의 사역에 이상의 개념을 적용하는 데는 그리 많은 상상이 필요하지 않다. 그들은 양들에게 영적 자양분을 제공하고 원기를 되찾도록 하기 위해, 양들을 하나님의 말씀에로 인도한다. 그들은 사단의 세력이 양 떼를 노략질하지 않도록 경계한다(행 20:28-31). 그들은 양들이 하나님 나라에서 쓰임받도록 훈육한다(엡 4:11-12). 양들이 옆길로 빗나갈 때, 목자는 그들을 사랑하는 마음에서 뒤좇아간다(약 5:19-20). 양들이 다쳤을 때, 목자는 속히 낫게 해주는 하나님의 말씀이란 약을 공급한다(시 107:20). 양들을 돌보는 일은 희생이 요구되는 힘든 사역이다. 그러나 이 일은 또한 하나님의 보상을 받게 되는 사역이다.

그러나 모든 양 떼가 다 보호받은 것은 아니다. 하나님이 에스겔 34장에서 유다의 목자들에 관해 한 말을 읽어보라.[10] 유다의 목자들은 자기 본위적이었고 자신을 살찌웠으며 양 떼를 돌보지 않았다. 그들은 자신이 원하는 것을 가지기 위해 양 떼를 이용하고 착취했다. 그러면서 양들을 위해 사역하지 않았다. 그들은 대적들로부터 양들을 보호하지 않고 양들이 죽임당하는 것을 막지 않았다. 그들은 잃어버린 양을 찾거나 병들고 다리를 저는 양을 치료하지 않았다. 아무도 돌보는 이가 없었으므로 그 양들은 다 흩어져버렸다.

예수님이 베드로의 사도권을 회복시켜 주셨을 때 베드로는 양들을 먹이고, 치며, 돌보는 사역을 위임받았다(요 21:15-17). 본래 어부였던 그가 목자가 된 것이다. 그러나 베드로가 삼중의 위임을 받기 전에, 예수님은 그에게 세 번이나 물으셨다. "시몬아 네가 나를 사랑하느냐?" 목자장이신 주님에 대한 사역자들의 사랑은 가장 중요한 사역 요소이다. 우리가 선한 목자이신 주님을 사랑한다면, 우리는 그분의 양들을 사랑할 것이고 그들을 사랑으로 돌볼 것이다. 우리가 진정으로 예수 그리스도를 사랑하지 않는다면, 그때 우리는 자기 자신을 사랑할 것이다. 그리고 우리가 다른 사람을 위해 무엇을 할 수 있는지가 아니라, 다른 사람이 우리를 위해 할 수 있는 일이 무엇인지만을 생각하는 자기 본위적인 목자가 될 것이다.

교회 성장 전문가들은 한 사람이 효과적으로 돌볼 수 있는 교인 수를 약 150명으로 단정했다. 따라서 교인 수가 늘어나면 목사는 조력자의 도움을 받아야 한다.[11] 그때 목사는 자신을 돕는 사람들이 진실된 목자여야 함을 명심해야 한다. 즉 조력자들은 섬길 기회를 찾는 일꾼들이어야지, 직업을 찾아다니는 삯꾼이어서는 안 된다. 그럴 경우, 교회는 규모가 아무리 커지더라도 별로 어려움을 겪지 않게 된다. 진실된 목사는 목자의 심정을 잃어버리지 않기 때문이다. 교인들을 사랑하고 늘 종의 마음을 지니는 것은 목사가 행하는 모든 일의 근본이다.

선한 목자가 부임했을 때 교회에서 무슨 일이 일어나는지를 지켜보는 것은 참으로 보람있다. 그 목자는 교인들을 사랑하고 섬기며, 좋을 때든 나쁜 때든 그들과 함께 하며, 하나님의 영광을 위하여 그들을 섬기려 한다. 성령께서는 사랑에 기초한 화합하는 마음을 모든 교인들에게 심어주기 시작하신다. 그리고 교인들은 무의식적으로 자기 목자의 섬기는 자세를 배워 다른 사람들을 배려한다. 인자하며 온정이 있는 교인들은 다른 사람을 위하기 마련이다. 그럴 경우, 교회는 영적으로 성장하고 교인수도 늘어난다. 이것은 종교적인 '피하주사' 나 특출한 지도 방법 때문이 아니다. 하나님의 말씀과 기도에 따라, 교인들의 심령 속에 역사하시는 성령의 사역의 결과이다.

물론 때로는 비판적이고 불평 불만하기 일쑤인 교인들은 교회의 새로운 환경에 쉽게 화를 낸다. 그리고 자신들의 저급한 신앙 수준에 걸맞는 분위기의 교회를 찾아나서려 한다. 그들이 떠나면서 늘어놓는 변명은 대개 '더 이상 교회가 신령스럽지 못하다' 는 것이다. 그러나 그들이 마음속으로 하는 말은 교회가 기독교 신앙에 걸맞게 너무 신령하다는 것이다. 그들은 자신이 종이 아니라 구경꾼이기를 원한다. 그들은 직분을 갖기 원하지만 그 직분을 하나님과 사람들을 섬기는 데 사용하지 않는다. 그들은 중요한 인물이 되기를 원하지만 정작 그런 인물이 되려고 하지는 않는다. 물론 목자는 때로 비난도 당하지만 전혀 문제될 것이 없다. 하나님의 성령이 역사하시고, 예수님이 영광을 받고 계시니 그것으로 충분한 것이다.

**C.h.e.c.k P.o.i.n.t**

하나님의 진실한 종의 표적은 홀(笏)이 아니라 수건이다. 그는 그리스도의 백성을 섬김으로 그리스도를 섬긴다. "너희가 여기 내 형제 중에 지극히 작은 자 하나에게 한 것이 곧 내게 한 것이니라" (마 25:40).

# 3장
# 사역의 동기는 사랑이다

덕망 높은 스코틀랜드의 설교가 앤드류 보나르(Andrew Bonar)는 한 유명한 설교가가 하나님의 말씀을 전하는 것을 경청했다. 그리고 예배가 끝난 후, 그에게 다가가 물었다.

"당신은 말씀을 전하는 것을 좋아하는군요, 그렇지요?"

"예, 그렇습니다." 유명한 설교가가 대답했다.

그때 보나르가 질문했다. "당신은 설교하는 대상, 곧 당신의 설교를 듣는 사람들을 사랑하시나요?"[1]

양에 대한 사랑은 양들을 구원하기 위해 죽으시고(요 10:11), 양들을 완전케하기 위해 다시 살아나신(히 13:20-21) 목자인 주님을 사랑함으로 비롯된다. 예수님은 베드로에게 자신의 양을 돌보는 사역을 맡기시기 전에, 그에게 세 번이나 물으셨다. "네가 나를 사랑하느냐"(요 21:15-17). 이 질문은 적절한 것이자 상대의 심중을 꿰뚫는 것이었다. 그리고 오늘날 우리에게도 동일하게 적용할 수 있는 것이다. 우리가 목자이신 주님을 사랑하지 않는다면, 어떻게 그분의 양을 사랑할 수 있겠는가?

'나같은 죄인 살리신(Amazing Grace)' 이라는 찬송가의 작사자인 존 뉴튼(John Newton)은 1757년에 유명한 복음 전도자인 조지 휘트필드(George Whitefield)에게 다음과 같은 글을 써보냈다.

> 오래 살면 살수록, 헛되고 죄악된 비기독교적인 논쟁을 더 많이 접하게 됩니다. 사람들은 종교의 핵심 요소들을 고갈시켜 버리려 하고 있습니다. 나는 나 자신의 포도원을 소홀히 관리하면서도 내가 다른 사람들의 포도원을 잘 관리하고 있다고 착각했습니다. 나는 내가 너무 자주 헛된 일에 시간을 낭비하고 화를 잘 낸다는 사실을 깨닫고서 마음이 아팠습니다… 베드로의 타락과 회복 후, 우리 주님은 그에게 "네가 이제 지혜롭고 사리 분별하게 되었으며 유창하게 말할 수 있게 되었느냐?" 고 묻지 않으셨습니다. 또한 "너는 이제 정통 신앙을 신봉하는 자가 되었느냐?" 고도 묻지 않으셨습니다. 주님은 베드로에게 단지 "네가 나를 가장 사랑하느냐?" 고 물으셨습니다. 이에 관한 베드로의 대답은 주님을 만족시키기에 충분했습니다. 그런데 왜 오늘날 우리의 대답은 충분하지 못할까요?[2]

주님의 종은 마음속에 갈등하는 여러 동기들을 지니고 있을 경우, 효과적으로 사역할 수 없다. 그는 사람들의 주목과 칭찬을 좋아하고 돈과 권력을 사랑하게 된다. 심지어 그는 사역 자체를 사랑하더라도 결코 하나님을 영화롭게 하지 못한다. 아니면 그런 하나님의 종은 사역 중에 닥치는 각종 어려움을 결코 극복해내지 못한다. 오직 그리스도에 대한 사랑으로만 그 일을 해낼 수 있다. 바울은 "그리스도의 사랑이 우리를 강권하시는도다"(고후 5:14)라고 증언했다. 사도 바울이 자신에 대한 그리스도의 사랑을 말했는지 아니면 그리스도에 대한 자기 자신의 사랑을 말했는지는 중요하지 않다. 왜냐하면 그 두 가지는 병행하기 때문이다. "우리가 사랑함은 그가 먼저 우리를 사랑하셨음이라"(요일 4:19).

신실한 목자였던 다윗은 하나님의 마음에 합한 사람이었다. 특히 하나님의 백성을 대하는 그의 태도에 있어 더욱 그러했다. 다윗의 죄로 인해 이스라엘이 징계당할 때, 다윗 왕은 여호와께 부르짖었다. "나는 범죄하였고 악을 행하였거니와 이 양 무리는 무엇을 행하였나이까"(삼하 24:17). 진실된 목자의 심정은 자기 백성이 고통당할 때 드러난다. 그 목자는 자신의 진심을 내보이기를 부끄러워하지 않는다.

"너는 나를 사랑하느냐"라는 물음은 목사 고시를 칠 때에 감독관으로부터 듣는 판에 박힌 질문들 중의 하나가 아니다. 이것은 우리의 주인이신 예수님이 물으시는 중대한 질문이다. 주님은 자신의 양을 사랑하시므로 양들을 삯꾼이나 거짓 목자의 손에 맡기려 하지 않는다. 여기서 삯꾼은 양들을 내팽개쳐 버릴 자를, 거짓 목자는 양들을 착취할 자를 가리킨다. 찰스 스펄전(Charles Spurgeon)은 이렇게 말했다. "만일 그리스도의 사랑이 당신을 강권한다면 당신은 다른 사람들을 사랑하게 될 것입니다. 왜냐하면 주님의 사랑은 다른 사람들을 사랑하는 것이기 때문입니다. 그리고 더욱이 주님의 섬김을 받거나 그분에게서 무엇이든 받을 만한 가치가 없는 자들을 사랑하는 것이기 때문입니다."[3]

우리가 그리스도를 사랑하면 할수록, 우리의 마음은 더욱더 그분의 사랑으로 채워질 것이다. 그리고 반드시 그 사랑을 다른 사람들과 나누게 될 것이다. 스펄전의 말을 다시 인용하겠다. "그리스도의 사랑은 실제적인 사랑입니다. 그분은 생각과 말로만 사랑하지 않으셨습니다. 대신 행동과 진실로써 사랑하셨습니다. 만일 그리스도의 사랑이 우리를 강권한다면 우리는 전심을 다해 다른 사람들을 사랑하고 섬기게 될 것입니다."[4]

주님은 우리에게 마지막으로 다음과 같은 말을 하실 것이다. "나의 계명을 지키는 자라야 나를 사랑하는 자니 나를 사랑하는 자는 내 아버지께 사랑을 받을 것이요 나도 그를 사랑하여 그에게 나를 나타내리라… 사람이 나를 사랑하면 내 말을 지키리니 내 아버지께서 그를 사랑하실 것이요 우리가 그에게 가서 거처를 그와 함께 하리라"(요 14:21, 23).

'사역을 사랑하는 것' 은 우리가 인위적으로 만들어낼 수 없는 덕목이다. 배우들은 자신이 맡은 역을 행하면서 스스로 도취될 수 있다. 그러나 목자들은 자신의 소명을 이루려고 전력투구하는 것이 필요하다. 위대한 마술사인 하워드 더스튼(Howard Thurston)은 공연을 행하기 전에 항상, 무대 뒤에서 자신에게 반복해 소리쳤다고 한다. "나는 내 관객들을 사랑한다! 나는 내 관객들을 사랑한다!" 마술사에게는 그런 자기암시의 방법이 통할 것이다. 그러나 양에게 그런 식으로 마술을 걸려고 하면 성공하지 못할 것이다. 하나님의 종들이 신자와 불신자를 따지지 않고 모든 사람을 사랑할 때, 그들은 예수님이 하신 것처럼 해야 한다. 즉 그들은 예수님이 사람들을 이해하신 것처럼 이해하고, 예수님이 사람들을 대하신 것처럼 대해야 한다. 어떤 심리학자도 이 일을 제대로 해내지 못할 것이다. 왜냐하면 이 일은 하나님의 성령으로 말미암아 할 수 있는 일이기 때문이다. "우리에게 주신 성령으로 말미암아 하나님의 사랑이 우리 마음에 부은 바 됨이니"(롬 5:5).

왜 그리스도의 사랑이 우리 사역의 동기여야만 하는가? 한 가지 이유는 우리가 사랑이 없으면 우리가 사랑하는 목자인 그리스도를 대변할 수 없기 때문이다. "하나님의 일꾼과 인간의 필요가 하나님의 영광을 위하는 사랑스러운 경로를 통해 서로 만날 때에야 사역이 이루어진다."[5] 이러한 정의가 사실이라면, 진실한 크리스천의 사역은 적어도 두 가지 동기를 지니고 있어야 한다. 그것은 바로 하나님을 영화롭게 하는 것과 하나님을 사랑하는 것이다. 우리는 박애로써 인간의 필요를 채워줄 수 있다. 그러나 오직 크리스천의 사역만이 하나님의 사랑을 나눌 수 있으며 하나님의 성호를 영화롭게 할 수 있다. 우리가 하나님의 사랑으로 행하지 않는다면 그분의 성호를 영화롭게 할 수 있을지 의문이다.

이 밖에도 다음과 같은 사실을 유념해야 한다. 우리가 사람들을 사랑으로 섬기지 않으면 우리의 사역은 고된 일이 되고 만다. 그럴 경우, 우리는 요나처럼 되고 만다. 요나는 이방인들이 회개하는 것을 원치 않았기 때문에 마지못해 자신의 사역을 수행한 선지자이다. 아니면 우리는 그리스도의 비유에 나오는 형(눅 15:11-32)처럼 행동하게 될 것이다. 그는 아버지의 일을 맡아 수행했지만 아버지와 같은 사랑하는 마음을 동생과 나누지 않았다. 그는 숨은 다른 계획을 갖고 있었다. 그러나 그 계획이 수포로 돌아가자 그는 화가 나서 동생의 귀가를 축하하는 잔치에 참석하지 않았다. 요나와 그리스도의 비유에 나오는 형은 성난 종들이었다. 이는 사랑을 결여한 섬김에는 종종 비극적 결과가 따를 뿐임을 보여주는 예들이다. 사랑 때문에 행하는 사역은 당신을 세워줄 것이다(고전 8:1). 그러나 단지 책임이나 의무 때문에 행하는 사역은 다른 사람이 보지 않는 데서 당신이 화를 내게 할 수 있다. 그리고 당신이 결국 사역을 포기하게 만들 수 있다.

사랑으로 행하는 사역은 하나님의 종인 우리를 세워줄 뿐 아니라 우리가 섬기는 사람들까지 세워준다. 사람들을 쳐다보며 "저들이 나를 위해 무슨 일을 할 수 있을까?" 하고 묻는 종은 저들을 섬기는 대신, 끝내 저들을 착취하고 말 것이다. 에스겔 선지자는 다음과 같이 말할 때 이런 목자를 염두에 두었었다.

> "자기만 먹이는 이스라엘의 목자들[6]은 화 있을진저 목자들이 양 떼를 먹이는 것이 마땅치 아니하냐 너희가 살진 양을 잡아 그 기름을 먹으며 그 털을 입되 양 떼는 먹이지 아니하는도다 너희가 그 연약한 자를 강하게 아니하며 병든 자를 고치지 아니하며 상한 자를 싸매 주지 아니하며 쫓기는 자를 돌아오게 하지 아니하며 잃어버린 자를 찾지 아니하고 다만 포악으로 그것들을 다스렸도다 목자가 없으므로 그것들이 흩어지고 흩어져서 모든 들짐승의 밥이 되었도다" (겔 34:2-5).

양들은 목자의 인도를 받을 수 있을 뿐 스스로 길을 찾아나서지 못한다. 노련한 목자들은 양 떼를 인도하는 것이 많은 인내를 요하는 일임을 안다. 양들은 모두 똑같은 걸음으로 목자를 따라오지도, 목자의 곁에 바짝 붙어다니지도 않는다. 반드시 그렇게 해야 하는데도 불구하고 말이다. 어떤 양들은 경솔하게 옆길로 벗어나기 때문에 목자가 찾아서 안전한 곳으로 데려와야만 한다. 목자는 자신의 양들을 알며 이름을 불러 그들을 모을 수 있다. 그러면 양들은 목자를 따라온다. 양을 돌보는 일은 인내를 요한다. 그러나 "사랑은 오래 참고 사랑은 온유하며"(고전 13:4)이다.

어느 목사가 농장을 경영하는 가족을 방문했다. 그 집 아이들은 두 마리의 양을 키우고 있었다. 그들은 지역 농축산물 경진 대회에 그 양들을 출전시켜 우량종에게 주는 상을 타게 되기를 소망했다. 그런데 그 아이들이 캠프에 참석해야 했다. 그래서 아버지가 남아서 그 소중한 양들을 돌보게 되었다.

"이제 일을 시작해야겠군요." 농장주가 목사에게 말했다. 그들은 함께 싱싱한 건초를 구유에 던져넣어 주고 여물통의 물을 새것으로 갈아주었다. 농장주는 "이젠 양들의 근육을 강화시키기 위해 양들을 산책시켜야 해요." 하고 말했다. 농장주와 목사는 양들에게 굴레를 씌워 밖으로 몰고 나갔다. 양들은 그들의 뒤를 따랐으나 오래가지 못했다. 처음에는 한 마리가 땅바닥에 주저앉아 움직이지를 않았다. 그러자 두 번째 양도 그대로 따라했다. 그들은 양들을 일으켜 세웠지만 양들은 여전히 걸으려 하지 않았다. 그래서 농장주는 양들을 우리 안으로 되몰아 넣었다. 그는 양들을 응시하면서 조용히 말했다. "목사님, 이제 목사님은 왜 성경에서 하나님의 백성을 양으로 칭하고 있는지 아셨을 겁니다."

예수님은 무리를 보시고서는 민망히 여기셨다. 왜냐하면 그분은 그들이 '목자 없는 양과 같음' 을 보셨기 때문이다(마 9:36). 그들은 하나님의 길이 아닌, 자기 자신들의 길을 원했다. 그러면서도 그들은 자신들을 인도해 줄 영적 지도자들을 필사적으로 구했다. 예수님이 사랑하신 사람들은 당신과 내가 분명히 외면했을 자들이다. 그러나 우리가 외면했다면 그들에게 무슨 일이 생겼을까? 그리고 우리에게는 무슨 일이 일어났을까? 크리스천들이 개인적으로 사랑을 행하지 않는다면, 교회가 "하나님은 당신을 사랑하십니다!" 하고 선포하는 것은 정당치 않다. 하나님이 우리를 사랑하시는 것과 같은 사랑은 목자가 먼저 실천해야 한다.

그렇다면 사람들은 우리가 진정으로 그들을 사랑한다는 사실을 알 수 있는가?

그렇다. 대부분의 사람들은 알 수 있다. 우리가 진정 사람들을 사랑한다면, 처음부터 우리는 그들을 있는 그대로 받아들이고 그들의 절실한 요구가 무엇인지를 알게 된다. 그렇다고 해서 우리가 그들의 생활 방식을 승인하거나 그들의 잘못을 얼버무리는 것을 뜻하지는 않는다. 왜냐하면 크리스천의 사랑은 맹목적인 것도 위선적인 것도 아니기 때문이다(빌 1:9-11). 우리가 사람들에게 행할 수 있는 가장 나쁜 일은 그들의 절실한 요구를 외면하고, 망상에 입각한 위선적인 사역을 하는 것이다. 크리스천의 사랑은 성도를 성도로, 죄인을 죄인으로 보는 것이 아니다. 대신 그리스도께서 그들을 위하여 죽으셨고, 그리스도께서 그들 가운데서 놀라운 새 일을 행하실 수 있는 사람들로 보는 것이다. 우리는 문제점을 무시하지 않은 채 잠재력을 직시할 수 있다. 예수님이 시몬에게 말씀하신 대로 우리도 그들에게 말할 수 있다. "네가… 하리라…"(요 1:42).

그리스도의 사랑이 우리를 주장할 때 우리는 '사랑 안에서 참된 것'을 할 수 있다(엡 4:15). 사랑이 결여된 진실은 무자비하며 진실이 결여된 사랑은 위선이라는 말은 참으로 적절하다. 하나님의 종들은 이 중 어느 죄도 범하기를 원치 않는다. 이러한 사랑으로 잃어버린 죄인이나 잘못에 빠진 신자를 대하는 것이 바로 예수님이 행하신 것처럼 사역하는 것이다. 예수님은 부자 청년 관원의 마음속에서 탐욕 덩어리를 보셨지만 그를 사랑하셔서 구원하려 하셨다(막 10:21). 우리 주님은 가룟 유다의 마음속에서 배반 의도를 보셨음에도 겸손히 그의 발을 씻어주셨다.

사랑은 "그들이 나의 도움을 받을 만한가?" 하고 묻지 않는다. 사랑은 아무 조건 없이 도와주는 것이다(우리는 예수님이 우리를 위해 행하신 일을 받을 자격이 있는가?). "사랑은 오래 참고 사랑은 온유하며"(고전 13:4). 사랑은 사람들이 하나님으로부터 얼마나 멀리 떠나있는지에 관계없이 그들을 포기하지 않는 것이다. 사랑은 희생과 봉사를 인정받지도, 제대로 평가받지도 못하더라도 희생하고 섬기는 것이다. 사랑은 악을 선으로, 다치게 하는 것을 고쳐주는 것으로, 저주를 축복으로 갚는 것이다. 사랑은 우리를 물을 가둬 놓는 저수지에서 물을 흘려보내는 수로로 변화시켜 준다. 그리고 우리가 "내 것이 곧 네 것이야. 같이 나누자." 하고 말할 수 있게 해준다. 사랑은 다친 사람이 없는 듯이 지나쳐버린 제사장과 레위인처럼, 우리도 또한 그냥 지나쳐버리게는 하지 않을 것이다. 사랑은 우리로 하여금 다친 사람을 돌본 선한 사마리아인이 되게 해준다. 그리고 우리가 그들을 도와줄 수 있는 일을 행하게 한다(눅 10:30-37).

사랑은 상대방의 말을 가로막지 않고 경청하며 그 다음에는 치료하는 진리의 말씀으로 응답하게 해준다. 우리는 상대로부터 어리석고, 혐오스러우며, 심지어 불경한 말을 들을 수 있다. 그러나 우리는 동일한 말로 대응하지 않는다. "후욕을 당한즉 축복하고 핍박을 당한즉 참고 비방을 당한즉 권면하니"(고전 4:12-13). 예수님은 자신의 제자들에게 말씀하셨다. "나로 말미암아 너희를 욕하고 박해하고 거짓으로 너희를 거슬러 모든 악한 말을 할 때에는 너희에게 복이 있나니 기뻐하고 즐거워하라. 하늘에서 너희의 상이 큼이라 너희 전에 있던 선지자들을 이같이 핍박하였느니라"(마 5:11-12).

성 이그나티우스 로욜라(St. Ignatius Loyola)의 기도는 우리가 지금까지 이야기한 종류의 사역을 잘 요약하고 있다.

주되 값을 계산치 아니하고
싸우되 상처에 개의치 아니하며
일하되 휴식을 구하지 아니하고
내가 주님의 뜻을 행함을 아는 것 외에는
아무런 보상도 바라지 아니하나이다.

다음의 시에 언급되어 있듯, 때로는 성도를 사랑하는 것보다 죄인을 사랑하는 것이 더 쉽다.

우리가 사랑하는 성도들과 함께 하늘에서 사는 것은
분명 영광스러우리라.
우리가 아는 성도들과 함께 이 땅에서 사는 것은
또 다른 이야기이리라!

그 이유 중 하나는 우리가 세상 사람들보다 하나님의 백성들에게 더 기대하며, 하나님의 백성은 세상 사람보다 우리에게 더 기대하기 때문이다. 다이아몬드를 절단하는 데는 다이아몬드를 사용한다. 그러나 우리가 하나님의 은혜를 의지한다면, 우리는 성도를 단련시켜 주는 연단을 통해 보다 더 아름다운 보석이 될 수 있다. 요셉이 형들에게 한 말은 상한 심령을 치유하는 효과적인 치료제였다. "당신들은 나를 해하려 하였으나 하나님은 그것을 선으로 바꾸사"(창 50:20). 이 말은 요셉 당시에 찾아볼 수 있었던 로마서 8장 28절과 같은 말로서 그대로 실행되었다.

물론 성도들은 시련을 당하고 사람들로부터 비난당할 수 있다. 우리 주님은 열두 제자들로 인해 종종 슬퍼하셨다. 왜냐하면 그들의 불신과 완고한 심령, 복수심 그리고 '가장 큰 자'가 되려고 한 그들의 다툼 때문이었다. "믿음이 없고 패역한 세대여 내가 얼마나 너희와 함께 있으며 너희에게 참으리요"(눅 9:41). 종은 상전 위에 군림하지 않는다. 만일 사람들이 주님을 슬프게 한다면, 그 일로 우리가 슬퍼질 것이다.

가룟 유다를 제외하고 미력했던 사도들은 다 주님의 강력한 종들이 되었다. 대부분의 목사와 교사, 선교사는 다음과 같은 사실의 증인이 될 수 있다. 즉, 우리가 포기하고 싶어했던 사람들이 종종 어느 순간에 모범적인 크리스천과 유능한 일꾼들로 변하고 마는 사실을 말이다. 왜 그런가? 누군가가 하나님의 뜻대로 그들을 사랑하기 때문이다. 사랑은 "모든 것을 믿으며 모든 것을 바라며 모든 것을 견디느니라"(고전 13:7). 리빙 바이블(The Living Bible)은 이 구절을 다음과 같이 번역했다. "당신이 누군가를 사랑한다면 대가가 얼마나 들든 상관치 않고 당신은 그에게 헌신을 다할 것이다. 당신은 항상 그를 믿고, 항상 그에게서 최상의 것을 기대하며, 항상 그의 곁에 서서 그를 지켜줄 것이다." 크나큰 도전을 이겨내고 난 다음에 우리는 자신의 크나큰 사랑을 우리와 함께 나누시는 위대하신 하나님과 함께하게 된다!

만일 당신이 섬기고 있는 교인들이 당신을 힘들게하고 화나게한다고 생각되면, 바울이 자신의 교인들을 어떻게 대하였는지 살펴보라. 로마 교회의 신자들은 자신들의 인종적 편견을 극복하고 서로를 용납하기까지 어려운 고비를 겪었다. 고린도 교회는 네 가지 분열 양상을 보였다. 그 교회의 성도들은 서로를 법정에 고소하고, 성찬식에서 술 취하며, 오만하게도 교회 내에서 죄악을 방관했다. 갈라디아 교회의 신자들은 "서로 물고 먹었다"(갈 5:15). 데살로니가 교회의 일부 교인들은 일을 중단한 채 둘러앉아 주님의 재림만을 고대했다. 그러면서 부지런히 일하고 있던 동료들을 비웃었다.

바울은 이러한 문제들을 처리함에 있어 엄격하면서도 다정다감했다. 그의 치리 목적은 항상 동일했다. "각 사람을 권하고 모든 지혜로 각 사람을 가르침은 각 사람을 그리스도 안에서 완전한 자로 세우려 함이니"(골 1:28). 바울은 날마다 '모든 교회를 위하여 염려' 하는 동안(고후 11:28) 울며 기도하고 간청하며 권면했다. 필립스 브룩스는 이렇게 말했다. "사람들에게 진실한 사역자가 되는 것은 항상 새로운 행복과 새로운 슬픔을 받아들이는 것이다. 행복과 슬픔은 제각기 보다 심오하고 고상한 사역을 수행하면서, 영원토록 서로 밀착하며 더욱 불가분리의 관계를 이룬다."[7]

보다 더 큰 기쁨과 보다 더 참담한 슬픔, 이것은 크리스천이 행하는 사역의 풍경화이다. 그러나 종들은 주님에 대한 사랑으로 인해 사역하기 때문에 불평하지 않는다.

우리가 사랑에 관해 이런 이야기를 하는 이유는 다음과 같은 경고를 하기 위함이다. 즉, 성도와 죄인을 위하는 우리의 사랑은 하나님과 그분의 진리에 대한 우리의 사랑에 좌우되어야만 한다는 것이다. 왜 그런가? 크리스천의 사역을 수행하는 동안 우리는 끊임없이 우리의 마음을 마시멜로처럼 녹이고, 우리의 등뼈를 스파게티처럼 휘게 만드는 위험을 당하기 때문이다. 또한 보다 강해져야 하는 사랑을 점점 더 나약한 감상으로 약화시키는 위험을 당하기 때문이다.

감상은 '책임감을 결여한 감정'을 의미한다. 그러나 사랑의 책임은 포기할 수 없는 것이다. 크리스천의 사랑은 감정적인 것이 아니다. 크리스천의 사랑은 전 인격을 그리스도와 다른 사람을 위해 내어주는 행위를 포함한다. "예수를 위하여 우리가 너희의 종된 것을 전파함이라"(고후 4:5). 크리스천의 사랑은 마음의 표현뿐 아니라 의지의 행위이다. 우리는 하나님이 우리를 대하시는 것처럼 다른 사람들을 대하려고 결심했다. 하나님은 우리의 말을 듣고 계시다. 따라서 우리도 다른 사람의 말을 경청한다.

하나님은 우리를 용서하신다. 그러므로 우리도 다른 사람을 용서한다. 우리는 자신이 좋아하든 싫어하든 간에 예수님이 행하셨을 것처럼 다른 사람들에게 행동한다.

크리스천의 사랑은 때로 오늘날의 상담가들이 '강인한 사랑'으로 일컫는 것을 내포한다. 성경은 '강인한 사랑'을 '징계'나 '연단'으로 칭하고 있다. 잠언 3장 11-12절이 기본 본문이라면 히브리서 12장 1-13절은 그 주해서에 해당한다. "내 아들아 여호와의 징계를 경히 여기지 말라 그 꾸지람을 싫어하지 말라 대저 여호와께서 그 사랑하시는 자를 징계하시기를 마치 아비가 그 기뻐하는 아들을 징계함같이 하시느니라"(잠 3:11-12).

요셉은 형들로 하여금 자복하고 회개토록 할 때에 강인한 사랑을 보여주었다. 모세는 이스라엘 백성이 황금 송아지를 만들어 숭배했을 때에 그들로 하여금 자신의 죄를 직시하게 하기 위해 강인한 사랑을 실천했다. 하나님은 간음죄를 범한 다윗을 회복시키시는 과정에서 강인한 사랑을 보여주셨다. 탕자의 아버지는 자신의 아들을 구하기 위해 먼 나라로 달려가지 않고 집에 머무르면서 강인한 사랑을 보여주었다.

강인한 사랑은 다친 사람과 다치게 하는 사람 간의 차이점을 이해한다. "친구의 아픈 책망은 충직으로 말미암는 것이나 원수의 잦은 입맞춤은 거짓에서 난 것이니라"(잠 27:6). 때로 의사들도 우리를 다치게 한다. 그러나 우리에게 치명상을 입히는 경우는 극히 드물다. 다윗은 압살롬을 징계해야 했을 때 그의 입에 키스했다(삼하 14:33). 그러나 요셉은 먼저 형들을 징계하고 난 다음에 그들과 입맞추었다(창 45:14-15).

마태복음 18장 15-35절, 로마서 16장 17-20절, 고린도전서 5장 그리고 데살로니가후서와 같은 성경은 우리가 하나님의 백성을 맡아 사역할 때에 강인한 사랑을 실천해야 함을 교훈한다. 자식을 사랑하는 모든 부모들이 알고 있듯이 연단은 결코 쉬운 것이 아니다. 그러나 우리가 책임지고 있는 사람들의 유익을 위해서는 연단이 필수적이다. "여호와를 사랑하는 너희여 악을 미워하라"(시 97:10). "너희는 살려면 선을 구하고… 악을 미워하고 선을 사랑하며"(암 5:14-15).

사역의 동기는 사랑이다. 만일 우리가 행하는 모든 일이 일단의 규칙들을 준수하는 것이라면 사역하기가 보다 쉬울 것이다. 그러나 그럴 경우, 우리는 결코 성장하지 못하거나 다른 사람의 성장을 돕지 못할 것이다. 자신의 교회를 위한 하나님의 목표는 '그리스도의 장성한 분량이 충만한 데까지 이르는 것' 이다(엡 4:13). 그리고 그러한 목표에 이르기 위해서는 사랑이 요구된다. "오직 사랑 안에서 참된 것을 하여 범사에 그에게까지 자랄지라 그는 머리니 곧 그리스도라"(엡 4:15).

**C.h.e.c.k P.o.i.n.t**

사역을 행함에 있어 가장 민감한 것은 목자의 마음이다. 당신이 그런 마음을 지니고 있으면 그 마음을 잃어버리지 말라. 당신이 그런 마음을 지니고 있지 않다면, 그것을 달라고 하나님께 간구하라.

# 4장
# 사역의 척도는 희생이다

"우리가 이곳에서 지낸 지 벌써 3년이나 됐어." 교회에서 집으로 돌아오면서 레이가 필리스에게 말했다. "신학교에서 조사한 통계 자료를 보니까, 우리가 앞으로 2년만 더 견디면 여기 드렉셀 파크에서 오랫동안 성공적인 사역을 감당해낼 수 있을 거야."

필리스는 잠시 침묵하다가 말했다. "한 가지 걱정이 있어요."

"그게 뭔데?"

"지금까지 우리가 너무 쉽고 편하게 지내왔다는 거예요. 나는 우리에게 무슨 일이 생길 것 같은 예감이 들어요."

"너무 쉽고 편하게 지내왔다고!" 레이가 소리쳤다. "필리스, 우리는 3년 동안 힘들게 일해왔어. 그래서 우리 애들은 가끔 자기들이 부모없는 고

아라고 생각할 정도잖아!"

"레이, 내 말은 우리가 힘들게 일해오지 않았다는 게 아니예요." 필리스는 조용히 말했다. "내 말은 희생에 관한 거예요. 사실, 우리는 지금까지 별다른 희생을 하지 않았어요. 누구든 직장에서 힘들게 일할 수 있어요. 그러나 우리가 하는 일은 직업이 아니잖아요. 우리가 하고 있는 일은 사역이에요. 사역에는 항상 그 이상의 일이 요구되지요."

레이는 필리스의 말에 대해 깊이 생각했다. "알았어. 이제 우리 주님 일을 좀 더 잘 해봐요. 설사 십자가를 지고 불 속에 뛰어들어야 할지라도 피하지 말자구요. 우리가 희생해야 할 때도, 마지못해 하지 말고 기꺼이 감당하도록 해요."

필리스의 예감이 옳았다. 몇 달 안 되어 필리스와 레이의 삶은 햇빛이 찬란한 상태에서 먹구름과 폭풍우가 몰아치는 상태로 바뀌었다.

천둥이 치는 것 같은 첫 번째 문제는 교회의 정기 예결산 위원회 모임에서 발생했다. 그때 예결산 위원장은 교회 예산이 여의치 않으니, 켄과 필리스는 앞으로 교단 회의에 참석치 말라고 통보했다. 예결산 위원장은 어색한 분위기를 누그러뜨리려 애쓰면서 말했다. "목사님이 교단 회의에 참석차 출장가는 것은 실상 휴가를 떠나는 것에 불과할 뿐입니다. 우리는 교회 예산을 보다 더 중요한 일에 사용해야 합니다." 그가 이렇게 말했을 때, 사태는 더욱 심각해졌다. "올해에는 교회 사무 직원도 둘 수 없을 것 같습니다. 그럴 여유가 전혀 없거든요." 이는 마치 천둥소리가 요란하게 울린 것과 같았다(지금까지 효율적으로 교회 사무 직원들을 운용했던 켄은 당황했다).

천둥소리에 이어 비가 내리기 시작한 것과 같은 일은 그로부터 일주일 후에 일어났다. 킴이 정밀 진단을 받은 결과, 당뇨병 환자로 판명되었다. 킴은 당뇨 증상을 완화시키기 위해 병원에서 일주일 간을 지냈다. 그러고나서 자신이 평생 동안 사용해야 할지도 모르는 값비싼 장비를 휴대하고는 집으로 돌아왔다. 필리스는 당뇨병 환자를 위한 요리책을 몇 권 구입했다. 그러자 케니는 더 이상 디저트를 먹지 못하게 된 데 대해 불평하기 시작했다. "왜 킴은 문둥병 같은 다른 병에 걸리지 않고 하필이면 당뇨병에 걸린거지?" 케니는 푸념했다. "문둥병 환자는 최소한 파이와 케이크는 먹을 수 있잖아!"

"지금 우리 가족은 '경제적으로 어려움' 에 처해있어." 어느날 저녁, 식사 시간에 레이가 말했다. "이제 우리는, 내가 어릴 때 할아버지께 들은 '어려움을 이겨내는 방법' 을 따라야 한단다. 할아버지께서는 내게 '어려움에 맞서라. 굳세게 어려움을 견뎌내거나 아무런 어려움도 없는 것처럼 행동하라' 고 말씀하셨지. 우리에게 정말 필요한 것들은 앞으로도 계속 누릴 수 있을 거다. 그러나 우리가 갖고 싶어하는 모든 것을 다 가질 수는 없게 될 거야."

이후 몇 달 동안, 필리스는 가계부를 꼼꼼히 정리했다. 필리스와 레이는 아이들이 원하는 것을 다 사주지 못했다. 물론 아이들이 원하는 것 중에는 정말로 필요치 않는 것들도 있었다. 레이는 꼭 필요한 정기 교단 모임에 참석하는 등의 공적 일을 위해서도 자신의 개인 비용을 지출했다. 레이와 필리스는 교인들의 압력과 비판을 겸허히 받아들였다. 교인들 중에는 터무니없이 이런 말을 하는 사람들도 있었다. "만일 필리스가 아이들을 편식시키지 않았더라면, 킴이 당뇨병에 걸리는 일은 없었을 거야!"

어느 날, 레이 가족은 자신들이 그 교회에 부임한 지 5주년을 기념하는 저녁 식사를 했다. 식사를 하는 동안 레이가 말했다. "필리스, 나는 당신이 한 말이 딱 들어맞지 않기를 바랐었어. 지난 2년 동안, 우린 집안일과 사역 때문에 너무 힘들었어."

필리스는 미소를 지었다. "그러나 우리는 많은 것을 배웠고 보다 성숙해졌어요. 하나님의 은혜로 우리는 성공적으로 폭풍우를 헤쳐나왔어요. 그리고 우리가 감당한 희생으로 인해, 우리는 보다 더 강인해졌고 행복하잖아요. 교회를 섬기는 일은 단순한 직업이 아니예요. 바로 사역이지요."

존 헨리 조웨트(John Henry Jowett)는 이렇게 말했다. "아무런 준비도 하지 않은 설교는 아무것도 이루지 못합니다. 아무런 연구도 하지 않는 목사는 무례한 사람입니다."[1]

조웨트의 말은 다음과 같이 확대 해석해서 읽을 수 있다. "아무런 대가도 치루지 않은 설교는 아무것도 이루지 못합니다. 만일 사역자의 삶이 고통과 희생을 수반하지 않은 것이라면, 그의 사역에는 하나님의 축복이 함께하지 않을 것입니다." 일하는 것이 힘들 때, 일꾼은 쉬운 일터를 찾아 나선다. 그러나 참된 목자는 양 떼와 함께 머물면서 그들을 위해 희생한다. 그리고 그렇게 하는 것을 특권으로 여긴다.

물론, 다른 사역 방식을 주장하는 사람들은 희생을 이야기하는 것에 대해 웃음짓는다. 그들은 부상당한 하나님의 용사들에게 다음과 같은 길에 관해 설명해주는 책과 테이프들을 건네주려 한다. 즉, 땅에서 하늘에 이르는 보다 쉬운 길과 예수님, 성경, 교회 역사상의 그 어떤 믿음의 영웅

들도 걸어가지 않은 길에 관해 설명한 책과 테이프들을 말이다. 과거에도 그랬지만 오늘날에도 '목회 사역을 쉽게 해주는' 길은 그 어디에도 없다. 이와 관련해 다음 구절을 보라. "네가 그리스도 예수의 좋은 병사로 나와 함께 고난을 받을지니"(딤후 2:3). "또 우리가 하나님 나라에 들어가려면 많은 환난을 겪어야 할 것이라"(행 14:22).

하나님의 모든 종들은 다음 두 구절 중 어느 한 유형을 좇아산다. "이는 내게 사는 것이 그리스도니 죽는 것도 유익함이니라"(빌 1:21). "그들이 다 자기 일을 구하고 그리스도 예수의 일을 구하지 아니하되"(빌 2:21). 모세는 하나님의 심판에서부터 이스라엘을 구하기 위해 기꺼이 죽으려 했다(출 32:30-35). 그리고 바울은 자기 백성을 구원하는 일이라면 기꺼이 저주를 받으려 했다(롬 9:1-3). 사실, 바울은 교회를 섬기기 위해 하늘이 아닌, 이 땅에 기꺼이 머물렀었다(빌 1:19-24).

하나님의 신실한 종은 자신의 상처를 자랑하기 위해 일부러 시련이나 고통을 구하지 않는다. 또한 그는 축복받으려고 희생을 일삼지도 않는다. 사역을 놓고서 장사꾼이 흥정하는 것 같은 태도를 취하는 것은 위험하다. 베드로는 이렇게 말했다. "보소서 우리가 모든 것을 버리고 주를 따랐사온대 그런즉 우리가 무엇을 얻으리이까"(마 19:27).

주님은 포도원의 일꾼 비유를 들어 베드로에게 대답하셨다(마 20:1-16). 비유의 요지는 아침 일찍 고용된 사람들이 계약에 근거해, 자신들이 얼마를 받을지 알았다는 사실이다(2, 13-14절). 그들은 자신들이 받을 것을 받았다. 그러나 다른 사람들은 주인의 뜻에 따라, 마땅히 받을 것보다 더 많은 것을 받았다. 우리가 주님에게 주님과 맺은 계약을 들먹일 때마다, 우리는 주님이 우리를 위해 계획하고 계신 좋은 것들을 빼으려하는 셈이다. 베드로는 마침내 자신의 잘못을 깨달았다. 그래서 그는 "그런즉 우리가 무엇을 얻으리이까"라고 한 태도에서 "내게 있는 것으로 네게 주노니"(행 3:6)라는 태도로 돌아섰다.

헨리 나우웬(Henri J. M. Nouwen)은 이런 질문을 했다. "오늘날의 사회에서 사역자가 된다는 것은 무엇을 의미하는가?" 이에 관한 그의 대답은 성경적이었다. "그것은 상처입은 치유자가 되는 것을 뜻한다."[2] 우리가 자신의 상처를 깨닫지 못하고 하나님의 치유를 체험하지 못하는 한, 우리는 상처입은 다른 사람들을 위해 사역할 수 없다. 성경은 하나님을 다음과 같은 분이라고 증거한다. "우리의 모든 환난 중에서 우리를 위로하사 우리로 하여금 하나님께 받는 위로로써 모든 환난 중에 있는 자들을 능히 위로하게 하시는 이시로다 그리스도의 고난이 우리에게 넘친 것같이 우리가 받는 위로도 그리스도로 말미암아 넘치는도다"(고후 1:4-5).

주님의 종들을 상처입히고, 고난당하게 하며, 희생케 하는 일들은 어떤 것인가? 바울이 고린도서에서 언급한 자신의 체험들(고전 4:9-13; 9:19-27; 고후 4:7-18; 6:1-10; 11:23-12:10)은 개척자적인 사역자가 아닌 오늘날의 대부분의 사역자들에겐 생소한 것이다. 그러나 우리는 그 가운데 다음 몇 가지는 우리가 경험한 것과 동일한 사례임을 발견한다.

- 힘들게 일하고 제대로 인정받지 못함
- 비방당하고 스스로를 변호할 기회를 얻지 못함

- 오해받지만 해명할 수 없음
- 혼란스럽고 어디로 향해야 할지 알지 못함
- 슬프지만 항상 기뻐함
- 잠 못 이루는 밤과 고생하기만 하는 낮 그리고 하나님의 백성을 위하는 우리의 애정 때문에 항상 접하는 모든 일들

이상의 일들은 그다지 매력적인 것이 아니다. 그러나 우리의 목자장이신 주님은 각 사역자를 위해 이 일들을 제거하지 않으신다.

목사는 자신이 어떤 사람인지 또는 어떻게 자신이 사역자가 되었는지에 대해 만족스럽더라도 항상 다른 사람들로 인해 속을 끓인다. 왜냐하면 교회가 어떤 일을 해야 하는지 잘 모르는 사람들 때문이다. 사역자가 어떻게 해서 사람들에 대해 더 이상 인내하지 못하는지를 이해하기란 쉽다. 우리는 주님과 더불어 이렇게 말하고 싶다. "내가 얼마나 너희와 함께 있으며 얼마나 너희를 참으리요"(마 17:17). 그러나 우리는 주님이 우리에게 머물기를 원하시는 한, 우리는 머물러야 할 곳에 머물러 있겠습니다,라고 말해야 함을 안다.

이따금 우리는 외관상 영적 열매가 없는 듯이 보일 때 괴로워한다. 우리가 포기하지 않는 한, '때가 되면' 열매를 거두게 된다는 사실을 아는 경우(갈 6:9)에도 말이다. 레이먼드 어드만(V. Raymond Edman) 박사는 휘튼대학에 재직할 당시, 학생들에게 무엇이든 해보지도 않고 미리 포기해서는 안 된다는 사실을 강조했다. 그럼에도 모세조차 처음에는 이스라엘 백성을 섬기러 가는 대신, 그들을 찾아가면 자신이 죽게 될 것이라고 생각했

다. 그리고 예레미야는 자주 하나님께 자신의 심정을 토로하면서 사역을 그만두려고 했었다. 그러나 예수님은 그러지 않으셨다. 그분은 자신의 여정 마지막에 자신이 십자가에 달리게 될 사실을 아셨다. 그런데도 그분은 예루살렘으로 가시면서 근심하는 표정을 보이지 않으셨다(눅 9:51). 바울 역시 마찬가지이다. 그는 예루살렘으로 가서는 안 된다고 거듭 만류하는 친구들의 충고에 귀를 기울이지 않았다. 바울은 에베소의 장로들에게 이렇게 말했다. "나의 달려갈 길과 주 예수께 받은 사명 곧 하나님의 은혜의 복음을 증언하는 일을 마치려 함에는 나의 생명조차 조금도 귀한 것으로 여기지 아니하노라"(행 20:24).

살아야 할 삶, 달려야 할 경주, 이뤄야 할 사역, 전해야 할 말씀. 바울은 바로 이것 때문에 쉬지 않고 사역한 것이다. 따라서 우리 역시 이것 때문에 쉬지 않고 사역해야 한다.

우리가 충성스러운 일꾼이 되려고 하지 않는 한, 단순히 하늘에서 하나님의 인정과 상급을 받으려고만 하는 마음을 버리지 않는 한, 주님을 섬기기에 쉬운 길은 없다. 대부분의 부모들은 자기 자식들의 요구에 부응하기 위해 어떠한 대가를 치르더라도 행복하다고 고백한다. 그럼에도 불구하고 부모 노릇을 하는 것이 희생을 동반하듯, 우리의 사역 역시 희생을 수반한다. 우리가 희생적인 사역을 어떻게 생각하는지는 우리의 인격을 검증하는 시금석이 된다. 즉, 그것은 우리가 다른 사람을 섬기는지 자기 자신을 섬기는지, 영원을 소망하며 사는지 현세를 바라보며 사는지를 드러내준다. 자신이 처해있는 곳에서 마땅히 희생해야 하는데도 푸른 초장만을 추구하는 목자는 결국 자신이 '갈보리의 사랑'에 관해 잘 모른다고 고백하게 될 것이다.

사무엘 존슨(Samuel Johnson)의 한 동창생이 존슨에게, 목회는 생계를 유지하기 위한 쉬운 방편인 것 같다고 말했다. 그러자 존슨은 그에게 이렇게 대답했다. "여보게. 목사의 삶, 진실된 성직자의 삶은 결코 쉬운 것이 아닐세. 더욱이 나는 쉬운 삶을 사는 성직자를 부러워하지 않고 쉬운 삶을 추구하는 성직자도 부러워하지 않는다네."[3]

존슨은 하나님을 경외하는 사람이었다. 그는 헬라어로 된 신약 성경을 즐겨 읽으며, 살아있는 동안 수행해야 할 청지기직과 부끄럽지 않는 죽음에 관해 항상 진지하게 생각했다. 그리고 사역자의 직분을 정말로 귀하게 여겼다. 그가 친구에게 대답한 말은 그의 영적 통찰력을 잘 드러내준다. 그는 쉬운 삶을 궁구하는 사역자는 힘든 죽음을 맞이하게 될 것임을 확신했다. 그는 장차 주님의 재림시, 사람들이 각자 행한 대로 하나님 앞에서 심판받게 된다는 사실을 알고 있었기에 그런 확신을 할 수 있었다. 바울은 이렇게 선언했다. "이는 우리가 다 반드시 그리스도의 심판대 앞에 나타나게 되어 각각 선악간에 그 몸으로 행한 것을 따라 받으려 함이라 우리가 주의 두려우심을 알므로 사람들을 권면하노니"(고후 5:10-11).

사역자들은 자신의 삶과 봉사로 인해 주님을 기쁘시게 하지만 그 자신도 기쁨을 누린다. 그러나 주님이 기뻐하시는 정도는 우리가 정말 얼마만큼 주님을 경외하는지에 따라 좌우된다. "여호와를 경외함으로 섬기고 떨며 즐거워할지어다"(시 2:11). 우리는 그리스도의 종이지만 또한 그분의 친구이다(요 15:14-15). 이 두 가지 관계는 모두 중요하다. 종으로서 우리는 그분께 복종한다. 그러나 그것은 친구로서의 자발적인 순종이지 노예로서의 맹목적인 복종이 아니다.

예수님은 말씀하셨다. "너희를 친구라 하였노니 내가 내 아버지께 들은 것을 다 너희에게 알게 하였음이라"(요 15:15). 이같은 특별한 관계는 중대한 책임을 수반한다. 캠벨 모간(Campbell Morgan)은 이에 관해 단순 명료하게 말했다. "우리는 주님과의 친밀한 우정으로 그분의 마음을 기쁘시게 해드리자. 즉, 주님이 이 불쌍하고도 곤궁한 세상을 위해 행하시려 하는 일을 자신의 친구인 우리를 통해 이루실 수 있도록 해드리자."[4]

하나님은 고난과 영광이 균형을 이루게 하신다. 하나님은 고난을 영광으로 대신하지 않으신다. 또한 고난을 영광으로 변형시키지도 않으신다. 베드로는 이러한 진리를 이해하기까지 어려운 고비를 겪었다. 그는 예수님 자신이 예루살렘에 가서 십자가에 달려 죽어야 할 것이라고 말씀하시자, 예수님을 붙잡고서 그러지 마시라고 만류했다(마 16:21-28). 예수님은 그런 베드로를 꾸짖으시고 그가 불의한 세상, 심지어 악한 마귀의 일을 생각한다고 말했다. 베드로는 변화산 사건을 체험하기 전까지는 그리스도께서 고난당하셔야 영광을 얻게 됨을 알지 못했다(마 17:1-8). 그는 훗날 비로소 이 사실을 깨닫고서야 이 일을 베드로서에 기록했다. 예수님은 자발적으로 십자가에 달려 죽으심으로 영원토록 십자가의 의미를 바꾸셨다. 그 전까지 로마인들의 십자가는 결코 영광스러운 것이 아니었다.

지옥에는 고통만 있을 뿐 영광은 없다. 천국에는 영광만 있을 뿐 고통은 없다. 그러나 우리가 하나님의 뜻을 이루어 드리려고 힘쓰며 그분을 경외하려는 한, 우리는 이 땅에 사는 동안 고난과 영광을 모두 체험하게 된다. 베드로는 이러한 사실을 몸소 체득했었다. "모든 은혜의 하나님 곧 그리스도 안에서 너희를 부르사 자기의 영원한 영광에 들어가게 하신 이가 잠깐 고난을 당한 너희를 친히 온전하게 하시며[5] 굳게 하시며 강하게 하시며 터를 견고케 하시리라"(벧전 5:10).

우리는 하나님의 은혜에 의해, 그분의 영광을 위해, 그분의 종으로서 고난받기 위해 부름받았다. 그러나 우리가 하나님의 은혜를 의지하고 그분의 영광을 위해 살면, 그 같은 고난은 우리에게 유익한 것이지 우리를 괴롭게하는 것이 아니다. 고난에 따르는 은혜는 인격과 영적 성숙, 현재 우리가 하나님께 돌려드리는 영광을 가져다준다. 그리고 장차 우리가 하나님과 함께 영원토록 누리게 될 영광을 가져다준다.

너무나 자주 우리는 좌절하고 낙심한 채 길을 걸어가던 엠마오 도상의 두 제자처럼 행동한다. 두 제자는 고난과 영광의 관계에 대해 이해하지 못했기 때문에 낙담했었다. 예수님은 그런 제자들에게 질문하셨다. "그리스도가 이런 고난을 받고 자기의 영광에 들어가야 할 것이 아니냐." 그리고 그들에게 구약 성경에 기록된 십자가와 면류관에 관해 자세히 설명해 주셨다(눅 24:25-27). 우리 주님이 갈보리에서 입으신 상처는 부활하실 때 없어지지 않았다. 대신 그 상처는 영광스러운 상처로서 오늘날까지 길이 증거되고 있다.

하나님의 뜻에 불순종함으로 고난을 면하려고 하는 것은 잘못이다. 마찬가지로 하나님의 뜻과는 상관없이 성급하게 고난의 길로 뛰어드는 것 역시 잘못이다. 예수님은 이 땅에 계시는 동안 하나님의 시간표에 따라

사셨으며 불필요한 위험을 자초하지 않으셨다(요 4:1-3; 7:1; 10:39-40; 11:54). 그분은 우리가 따라야 할 좋은 본을 보이셨다. 그분은 자신의 대적들의 물음과 비난에 답하실 때, 그들을 신중히 대하셨다. 그분은 자신의 제자들에게 "너희는 뱀같이 지혜롭고 비둘기같이 순결하라"(마 10:16)고 권면하셨다. 이 말은 타협을 의미하는 것이 아니라 온유함과 지혜를 요구하는 것이다. "주의 종은 마땅히 다투지 아니하고 모든 사람에 대하여 온유하며 가르치기를 잘하며 참으며 거역하는 자를 온유함으로 훈계할지니"(딤후 2:24-25).

예수님은 자기 자신의 희생과 섬김을 씨를 뿌리는 것에 비유하셨다. "내가 진실로 진실로 너희에게 이르노니 한 알의 밀이 땅에 떨어져 죽지 아니하면 한 알 그대로 있고 죽으면 많은 열매를 맺느니라"(요 12:24). 가라지 비유에서 예수님은 하나님의 자녀들을 씨에 비유하셨다. 즉, 지혜로운 파종꾼인 자신이 이 세상에서 기뻐하시는 곳에 뿌린 씨에 비유하셨다. "밭은 세상이요"(마 13:38). 무엇을 택할지 잘 생각하고 사역을 위한 완벽한 장소를 추구하는 것은 우리의 권한이 아니다. 우리의 권한은 씨 뿌리는 사람인 주님을 온전히 의지하며 그분이 우리를 심은 곳에서 열매를 맺는 것이다.

죽지 않고서 사는 것은 있을 수 없다. 씨 뿌리지 않고 맺을 수 있는 열매란 없다. 씨는 장래를 위해 산다. 처음에는 고난이 있을 뿐이나 나중에는 영광을 거두게 된다. 심지어 우리 주님조차도 이러한 하나님의 원리에서 벗어날 수 없으셨다. "사람이 나를 섬기려면 나를 따르라 나 있는 곳에 나를 섬기는 자도 거기 있으리니 사람이 나를 섬기면 내 아버지께서 그를 귀히 여기시리라"(요 12:26).

사역의 척도가 희생이라면, 하나님을 기쁘시게 하기 원하는 사역자는 고난당할 때 이런 모습들을 보여야 한다.

- 고난을 예견하라. "사랑하는 자들아 너희를 연단하려고 오는 불 시험을 이상한 일 당하는 것같이 이상히 여기지 말고"(벧전 4:12). "세상이 너희를 미워하면 너희보다 먼저 나를 미워한 줄을 알라… 사람들이 나를 박해하였은즉 너희도 박해할 터이요"(요 15:18, 20).
- 고난을 하나님의 선물로 받아들이라. "그리스도를 위하여 너희에게 은혜를 주신 것은 다만 그를 믿을 뿐 아니라 또한 그를 위하여 고난도 받게 하심이라"(빌 1:29).
- 고난의 의미를 제대로 이해하고 하나님의 뜻에 순복하라. "내가 가는 길을 그가 아시나니 그가 나를 단련하신 후에는 내가 순금 같이 되어 나오리라"(욥 23:10).
- 하루 하루 살아가는 법을 배우고 당신의 염려를 주께 맡겨라. "날마다 우리 짐을 지시는 주 곧 우리의 구원이신 하나님을 찬송할지로다"(시 68:19). "너희 염려를 다 주께 맡기라 이는 그가 너희를 돌보심이니라"(벧전 5:7).
- 하나님이 고난을 영원한 영광으로 갚아주실 줄로 믿어라. "우리가 잠시 받는 환난의 경한 것이 지극히 크고 영원한 영광의 중한 것을 우리에게 이루게 함이니"(고후 4:17).

C.h.e.c.k P.o.i.n.t

희생이란 단순히 값을 치르는 것이 아니다. 이것은 배당금을 보장받고서 영구적인 투자를 하는 것이다.

# 5장
# 사역의 권위는 복종이다

"이보게, 젊은이. 정확하고 엄밀히 말해, 자네의 사역 철학은 무엇인가?" 제일 교회의 장로인 조지 라킨이 질문했다.

스튜어트는 똑바로 앉아 회담 테이블의 상석을 쳐다보며 장로를 주시했다. 스튜어트는 황급히 주님께 짧은 기도를 드리고서 고린도후서 4장 5절에 근거해 차분히 대답했다. "우리는 우리를 전파하는 것이 아니라 오직 그리스도 예수의 주 되신 것과 또 예수를 위하여 우리가 너희의 종된 것을 전파함이라."

"그것은 바울의 대답이지." 장로가 말했다. "나는 자네의 대답을 원하네." 장로의 음성은 매우 권위적이었다. 스튜어트는 집사들 중 한 사람이 왜 개인적으로 자신에게 장로에 관해 미리 경고해주었는지를 이해했다. 그 집사는 이렇게 말했었다. "장로는 노병과 같은 사람이에요. 왕년에 역전의 용사들도 장로만큼은 못할걸요. 그는 모든 일을 군대처럼 진행해야 한다고 생각하죠. 그는 아마도 당신이 자신을 처음 만날 때 목례대신 경례를 해주기를 기대할 사람이에요. 벌써 좋은 사역자들을 서너 명 쫓아냈는 걸요."

스튜어트가 장로를 쳐다보며 말했다. "바울의 대답이 곧 제 대답입니다. 저는 13년 전에 주님의 부름을 받았습니다. 크리스천들은 서로를 섬기며 하나님을 떠나있는 자들을 하나님께로 돌이켜야 할 사람들입니다. 그리고 예수 그리스도 한 분만이 우리의 주님이십니다. 목사는 하나님의 백성을 섬기고 인도함으로 주님을 섬기는 종입니다. 목사의 권위는 주님에게서 나옵니다."

조지는 미간을 찌푸렸다. "그러나 실제로는 목사의 권위가 교회에서 나오지 않는가? 교회의 당회원들인 우리는 교회 직원들을 뽑고 관리하지."

"만일 교회가 저를 불렀다면, 교인들은 교회의 머리이신 예수 그리스도께서 저를 이곳에 보내셨음을 인정할 것입니다." 스튜어트가 대답했다. "우리는 주님에 대한 책임과 그리스도를 섬기는 자들에 대한 책임이 있습니다. 만일 사람들이 주님께 복종할 것 같으면 바울이 에베소서 5장 21절에 기록한 대로, 그들은 하나님을 두려워하며 피차 복종하는 데 아무런 문제가 없을 것입니다. 그리고 교회의 관리 체계를 효과적으로 유지하기 위해서도 우리는 서로를 섬기고, 필요로 합니다. 저는 상호 이해와 협력보다 더 큰 지도력은 아직 보지 못했습니다."

당회원 중 몇 사람이 스튜어트의 말에 동의를 표했다. 그러나 장로가 날카로운 눈길을 보내자 이내 침묵했다. 장로는 당회원들에게 이런 질문을 하고 싶었지만 감히 질문하지 못했다. '당신들은 방금 철없는 젊은이가 한 말을 그대로 따르려고 하는 거요?'

그때 한 당회원이 말했다. "조지 씨, 나는 우리 모두 크레이더 목사께서 목회 사역에 대한 올바른 자세를 지니고 있음을 확신하기에 충분한 말을 들었다고 생각합니다. 지금까지 우리 교회에는 여러 목사님들이 부임했었습니다. 그들 중 일부는 자신의 위신만 앞세웠으며, 일부는 꼭두각시에 지나지 않았고, 또 어떤 분들은 편협한 명령자였을 뿐입니다. 종의 마음을 지닌 목사가 부임하면 교회가 새로워지게 마련입니다. 크레이더 목사님은 새로운 역사를 일으키시기에 적합한 분으로 보입니다."

그의 말에 스튜어트는 미소지으며 응답했다. "저도 그렇게 되기를 희망합니다. 제가 신학교에 다닐 때, 한 교수님이 우리에게 목사는 다른 사람을 인도하는 종이자 남을 섬기는 지도자여야 한다는 사실을 늘 강조하셨습니다. 그분의 말씀대로 실천하고자 하는 것이 저의 유일한 소망입니다."

스튜어트는 제일 교회의 목사로 초빙받았다. 그러나 섬기도록 부름받은 그에겐 조지 라킨과의 험난한 싸움이 기다리고 있었다.

"나는 모든 교회마다 디오드레베(초대 교회 당시, 사도 요한의 권위에 도전하고 교회내에 분쟁을 일으킨 교만한 인물 – 역주)가 있다고 생각해."[1] 스튜어트는 아내에게 말했다. "아무튼, 주님이 우리를 여기로 인도하셨어. 싸움은 주님의 것이야. 무슨 일이 닥쳐도 나는 꿋꿋이 설교하고 기도하며 열심히 일할 거야!"

사탄의 타락 이래 항상 이 세상에서는 두 의지가 서로 맞서 싸우고 있다. 이는 상반된 두 철학 사상의 강조점이 서로 다를 수밖에 없는 것과 같은 이치이다. 세상의 철학은 다른 사람과 함께 협력하는 가운데서도 일등을 차지하는 것에 관심을 쏟는 것이다. 이에 반해 크리스천의 철학은 하나님의 권위에 복종하며, 종이 되고, 때로는 다른 사람들의 도움을 기대하는 것이다(또는 반드시 기대하는 것이어야 한다). 루시퍼는 이중 전자를 택해 하나님의 적인 사탄이 되었다. 예수님은 후자를 택해, 오늘날 만왕의 왕으로 찬양받고 계시는 하나님의 고난당하는 종이 되었다.

권위는 국가, 단체, 가정, 개인의 복지를 증진하는 데 필요한 중요 방편이다. 어느 정도의 권위가 없으면 우리는 모든 것이 엉망진창인 무정부 상태에 빠질 것이다. 젊은 예술가는 스승의 권위에 복종하고, 그의 가르침을 경청하며, 지켜보고, 배움으로써 자신의 재능을 개발한다. 성공하는 운동 선수들은 자기 코치의 기술과 지혜를 습득하며 그가 한 말을 실천한다. 경건한 크리스천은 예수 그리스도와 교회의 영적 지도자들의 권위에 복종하며, 종이 됨으로써 교회를 세우려 힘쓴다.

그러나 복종은 종속이나 맹종이 아니다. 복종은 자발적으로 권위에 순복하는 것이다. 복종은 그 동기가 사랑에 근거한 것이지 두려움에 근거한 것이 아니다. 종속되어 있는 노예들은 자신의 개성을 상실하며, 사고 파는 상품으로 전락하고 만다. 그러나 복종하는 크리스천들은 주님께 순복하며, 하나님이 뜻하시는 사람이 되기 위해 노력하면서 자신의 개성을 가꾸고 점점 더 주님을 닮아간다. 하나님의 권위에 복종하기를 거부하는 자들은 자신이 어떤 사람인지, 하나님이 자신에게 원하시는 바가 무엇인지를 결코 발견하지 못할 것이다. 세상 사람들이 보기에 얼마나 성공적인지는 아무런 의미가 없다. 그들의 태도가 변하지 않는 한, 그들은 하나님이 보시기에 실패자가 되고 말 것이다.

세상의 지배 철학이 교회에 영향을 미치기 시작할 때, 권력 남용이란 결과를 초래하게 된다. 루시퍼와 디오드레베는 자신의 사악한 참모진들을 양육한다. 그 결과, 하나된 가족이어야 하는 교회가 분열 양상을 보이는 군대가 되며, 추수해야 할 밭이 전쟁터로 변하고 만다. 교회 지도자들은 사역에 힘써야 할 시간을 참호를 파고 자신의 권위를 방어하는 데 허비한다. 아이처럼 행동하고 "이건 내 거야! 나는 내 것을 아무에게도 뺏기지 않겠어!" 하고 말하는 어른들로 인해 온갖 문제들이 야기된다. 사실, 그들은 이렇게 말해야만 하는데도 말이다. "내가 가진 것은 하나님이 내게 주신 것입니다. 그래서 나는 이것을 다른 사람들과 나눌 것입니다."

평화를 사랑하는 목사가 참호 속에 몸을 숨기고 있으며, 사방에서 총탄 세례를 받고 있는 자신을 빈번히 발견하는 것은 슬픈 일이다. 그는 사역을 하며 설교를 하는 중에 크리스천의 성장을 촉구하려 힘쓴다. 그러나 그는 시편 기자와 더불어 "나는 화평을 원할지라도 내가 말할 때에 그들은 싸우려 하는도다"(시 120:7)라고 고백하게 된다.

하나님의 말씀과 기도 외에도, 목사가 몸소 보이는 복종과 섬김의 도는 아마도 대적을 무력화시키며, 분쟁을 해소하고, 결국 참호를 비게 만드는 가장 효과적인 영적 무기일 것이다. 마귀와 악한 세력들은 그리스도를 닮은 종들에 대해서는 어떻게 해야 할지 알지 못해 당황해한다. 여기서 그리스도를 닮은 종들이란 상처입은 자들을 돕고, 경건한 자들을 지도하며, 모든 사람을 사랑하기 위해 전장에서의 위험을 무릅쓰는 사역자들을 가리킨다. "우리가 항상 예수의 죽음을 몸에 짊어짐은 예수의 생명이 우리 몸에 나타나게 하려 함이라"(고후 4:10).

'분쟁 해결' 을 위한 어떤 의견들은 실제적으로 도움이 되며 쓸모가 있을 수 있다. 그러나 세심한 목자, 군사는 승리를 위한 첫걸음이 주님과 자기 백성에게 자진 순복하는 것임을 안다. "주의 종은 마땅히 다투지 아니하고 모든 사람에 대하여 온유하며 가르치기를 잘하며 참으며 거역하는 자를 온유함으로 훈계할지니 혹 하나님이 그들에게 회개함을 주사 진리를 알게 하실까 하며"(딤후 2:24-25). 지도력에 있어서 온유함은 약한 것이 아니다. 온유함은 제어할 수 있는 힘이며, 사람들을 다치게 하는 것이 아니라 치유하기 위한 힘이다.

일부 교회 지도자들이 누군가가 자신의 영토를 위협하거나 자신의 장난감을 빼앗으려 한다고 생각할 때마다 어린아이처럼 행동하는 것은 유감이다. 이는 아마도 주님이 왜 바울로 하여금 디모데후서 2장 25절에서 '파이데우오' (paideuo, '징계하다')란 단어를 사용하게 하셨는지의 이유일 것이다. 왜냐하면 '징계하다' 라는 말은 자녀를 훈육하는 것을 뜻하기 때문이다. 아무튼 교회는 한 가족이다. 그리고 성공하는 목사의 지도력의 비결 중 하나는 교인들을 가족의 일원으로 대하는 것이다. "늙은이를 꾸짖지 말고 권하되 아버지에게 하듯 하며 젊은이에게는 형제에게 하듯 하고 늙은 여자에게는 어머니에게 하듯 하며 젊은 여자에게는 온전히 깨끗함으로 자매에게 하듯 하라"(딤전 5:1-2).

우리가 주님께 복종하며 주님이 원하시는 대로 우리를 사용하실 수 있도록 유용한 도구가 될 때, 사역의 짐을 주님께 의탁할 수 있다. 그리고 우리 자신과 우리의 미래에 관해 확실히 주님을 믿고 의지할 수 있다. 이에 관해 바울은 이렇게 기록했다. "우리가 이 직분이 비방을 받지 않게 하려고 무엇에든지 아무에게도 거리끼지 않게 하고 오직 모든 일에 하나님의 일꾼으로 자천하여 많이 견디는 것과 환난과 궁핍과 고난과… 깨끗함과 지식과 오래 참음과 자비함과 성령의 감화와 거짓이 없는 사랑과"(고후 6:3-4, 6). 바울은 주님의 종이 된 후 평생, 자신의 권위가 아니라 교회를 세우는 데 필수적인 예수 그리스도의 주권을 드러내기를 힘썼다.

공기역학의 법칙을 따르는 조종사는 성공적으로 비행기를 날게 할 수 있다. 화학과 물리학의 기본 법칙을 따르는 과학자들은 자신과 다른 사람이 다치는 것을 막을 수 있다. 의학 법칙과 인간 신체의 기능에 유념하는 의사들은 건강과 안녕을 증진할 수 있다. 하나님의 법칙에 복종하는 것은 당신을 위하는 일이다. 그러나 하나님의 법칙에 불복하는 것은 당신을 해치는 일이다.

자연 영역에서 진리는 영적 영역에서도 진리이다. 예수 그리스도의 주권에 복종하는 사역자들은 진정한 권위를 행사할 수 있다. 그 권위는 세상에 대적할 자가 없는 독재자나 장군의 권위가 아니라 "나는 마음이 온유하고 겸손하니"라고 말하신 주님의 권위이다. 바울은 기적을 행한 사도의 권위를 휘두르기보다 늘상 온유하고 겸손하게 행동했다. 그는 문제 투성이인 교회의 교인들에게 다음과 같은 말로 편지하기를 좋아했다. "나

바울은 이제 그리스도의 온유와 관용으로 친히 너희를 권하고"(고후 10:1).

'온유'와 '관용'은 오늘날 대부분의 세속적인 경영 전문가들이나 사역자들이 잘 사용하지 않는 낱말이다. 그러나 이 낱말들은 성경에 자주 나오는 단어이다. 모세는 분명 히브리 역사상 가장 위대한 지도자였다. 그럼에도 그는 "온유함이 지면의 모든 사람보다 더하였다"(민 12:3). 그러나 그런 모세도 온유하지 않고 화를 내었을 때 하나님의 영광을 가리웠으며, 자신은 거룩한 땅 가나안에 들어가지 못했다. 만일 그가 문제많은 히브리인들을 반역자가 아닌 어린아이로 대했다면(민 20:10), 그는 위기 가운데서 자신을 구했을 것이다.

다윗은 히브리 역사상 모세에 못지않는 지도자일 것이다. 그런 그는 "주의 온유함이 나를 크게 하셨나이다"(시 18:35)라고 고백했다. 하나님은 다윗을 겸손한 사람이 되게 하심으로 결국 그를 높이셨다. NIV 성경은 시편 18장 35절을 "주는 나를 크게 하시려고 낮아지셨나이다"로 번역했다. 우리는 이 구절과 관련해 즉각 요한복음 13장 1-5절과 빌립보서 2장 5-8절을 연상하게 된다. 온유함과 관용의 미덕이 모세와 다윗, 바울 그리고 예수님을 위해 역사했다면, 그것들은 우리 안에서도 역사할 수 있다.

권위는 힘을 발휘하는 특권이다. 그런 권위는 하나님이 우리를 부르시고 교인들이 그 사실을 인정할 때 우리에게 주어진다. 교인들이 사역자들을 '남을 섬기는 자들'로 이해할 때, 그 사역자들은 하나님의 부르심을 받은 사명을 수행할 수 있는 권위를 지니게 된다. 사역자들은 일단 강대상에 서면 특별한 존경을 받는다. 그러나 그런 날이 오래 지속된다면 그것은 정말로 좋은 일이다. 오늘날의 목사는 단순히 지시를 내리는 지도자보다 팀을 더 중시하는 경기 감독에 가깝다.

우리의 권위의 두 번째 원천은 하나님의 말씀이다. 이와 관련해 하나님이 에스겔에게 하신 말씀이 있다. "그들은 심히 패역한 자라 그들이 듣든지 아니 듣든지 너는 내 말로 고할지어다"(겔 2:7). 이 말은 하나님의 권위가 우리의 모든 견해와 해석들을 지지해준다는 의미가 아니다. 따라서 우리가 자기 자신의 일시적인 의견을 말할지라도 그것은 곧 하나님의 진리를 선포하고 있는 것임을 사람들이 알아야 한다는 뜻이 아니다. 그러나 성경의 권위는 하나님의 백성을 지도하는 사역자들이 행동하고 말하는 모든 것의 토대가 되어야 한다.

그러나 직업상, 강대상에서의 권위만을 의지하는 것은 위험하다. 그럴 경우 허식적인 권위나 오만한 권위주의에 빠져들기 쉽다. 권위는 자신의 능력과 균형을 이루어야 한다. 이를 위해 우리는 항상 성령에 붙들려 있어야 한다. 권위는 우리가 획득하는 것이 아니라 우리에게 주어지는 것이다. 그러나 능력은 우리가 획득하기 위해 노력해야 하며, 대가를 지불해야 얻을 수 있는 것이다. 하나님의 뜻에 복종하고 하나님의 백성을 섬김으로 신자들에게 본을 보이는 것은 이 세상에서 최상의 존경을 받을 수 있는 일들 가운데 하나이다.

그렇다. 하나님의 종/ 지도자들은 권위를 지니고 있다. 그들은 주님과 주님의 백성들에게 신실하게 행함으로 얻은 능력을 권위와 더불어 균형을 이루게한다. 그러면서 사랑으로 권위를 행사한다.

왜 하나님은 '종의 지도력'을 자기 백성들이 따라야 할 표준으로 택하셨을까? 그 이유는 많겠지만 이것만은 분명하다. 종/ 지도자의 행동 방식은 하나님을 가장 영화롭게 하는 것이어야 한다는 점이다. 그리고 종의 삶 가운데서 자신의 영적 성장을 촉진하며, 하나님의 백성의 요구를 채워 주는 것이어야 한다는 점이다.

하나님은 영화로우시며, 영원하신 종/ 지도자이시다. 세상 만물이 하나님을 섬긴다는 사실은 진리이다. 그러나 하나님이 세상 만물을 섬긴다는 사실 또한 진리이다. 예수 그리스도는 "그의 능력의 말씀으로 만물을 붙드시"고 계시다(히 1:3). 여기서 '붙드시다'로 번역된 말은 다음과 같은 의미를 지닌다. 주님이 만물을 붙드시고 계셔서 그것들이 밑으로 떨어지지 않는다. 주님이 만물을 붙들어 안고 계셔서 그것들이 떨어져나가지 않는다. 주님이 만물을 붙들어 갖고 가시므로 그것들이 예정된 종국에 다다르게 된다. "만물이 그 안에 함께 섰느니라"(골 1:17). "우리가 그를 힘입어 살며 기동하며 존재하느니라"(행 17:28). 주님은 온 세상을 자신의 손에 쥐고 계시다.

창조주이신 하나님은 자신의 피조물들에게 필요한 것을 주시면서 그들을 돌보고 계시다. "이것들은 다 주께서 때를 따라 먹을 것을 주시기를 바라나이다"(시 104:27). "손을 펴사 모든 생물의 소원을 만족하게 하시나이다"(시 145:16). 하나님은 배고픈 까마귀 새끼의 울음소리를 들으시며(시 147:9), 참새 한 마리가 땅에 떨어지는 것도 보고 계시다(마 10:29). 그리고 자신이 지으신 모든 새와 짐승들을 알고 계시다(시 50:11). 하나님은 이 광활한 우주 가운데서 수동적인 구경꾼이 아니다. 하나님은 역동적인 분이며 인생을 불쌍히 여기셔서 적절하게 역사하시는 분이다.

예수님은 이 땅에서 사역하셨을 때, 분명히 '종의 지도력'의 본보기를 보이셨다. 온갖 종류의 도움을 필요로 하는 여러 사람들은 예수님이 하나님께 기도하는 시간도 제대로 갖게 하지 못했다. 그러나 예수님은 그들을 너그럽게 맞아주셨다. 당신은 사복음서를 읽으면서 비록 당신이 도와주지는 못하지만, 거지에서 관원에 이르기까지 온갖 사람들이 예수님을 찾아와 그분의 발 앞에 무릎꿇었음을 알게 될 것이다. 그들은 저마다 특별한 청을 가지고 예수님께 나아왔다. 예수님은 그런 그들의 필요를 채워주셨다.

예수님이 이 땅에서 보여주신 '종의 지도력'의 절정은 갈보리에서였다. 그곳에서 고난당하는 종이신 예수님은 세상의 죄를 대속하기 위해 기꺼이 자신을 희생하셨다. 그는 죽은 자 가운데서 다시 살아나시고 하늘에 오르사, 그곳에서 자기 백성을 위해 중보하심으로 여전히 그들을 섬기고 계신다(히 7:25). 그리고 그들에게 생명을 주시며, 남을 섬길 수 있도록 하고 계신다(히 13:20-21).

성령께서 우리에게 역사하고 계시므로 우리도 다른 사람에게 역사해야 한다. 성령께서는 우리를 저수지가 아닌 수로가 되게 하신다. 그러므로 우리는 그분이 우리에게 주시는 모든 것을 다른 사람들과 나누어야 한다. 성령께서는 우리를 인도하시고 우리를 섬기고 계신다. 따라서 우리는 그분의 교회에서 종과 지도자가 되어야 한다. 즉, 우리의 삶은 주님의 삶을 본받는 것이어야 한다. 따라서 우리는 하나님을 영화롭게 해드리는 종/지도자가 되어야 한다.

종의 지도력은 자신의 피조물들에게 역사하시는 하나님의 방편이다. 그뿐 아니라 가정이나 교회에서 하나님이 자기 백성의 요구를 채워주시는 방편이기도 하다. '빗나가기 쉬운' 우리는 우리가 안고 있는 수많은 요구 사항과 무거운 짐 때문에, 우리를 도와서 인도해줄 사람이 필요하다. 그리고 우리를 위해 사역하고 우리의 영안을 볼 수 있게 도와줄 사람이 필요하다.

크리스천 남편과 아내는 가정에서 헌신적인 종/ 지도자가 됨으로, 서로에게 그리고 가족에게 사역할 수 있다(엡 5:18-6:4). 그들의 본보기는 예수 그리스도이시며('마치 예수님처럼') 그들의 동기는 사랑이다. 그러한 환경에서 성장하는 아이들 역시 남을 섬기며 인도하는 법을 배우게 된다.

그리스도의 몸의 지체와 지역 교회의 일원으로서 우리는 다른 사람을 섬기며 인도해야 한다. 우리는 자신의 영적 은사를 발견하고 개발하며, 온 교회의 유익을 위해 그 은사를 사용해야 한다. 은사를 받지 못한 것은 중요하지 않으며, 그리스도의 몸의 지체가 되지 않은 것은 아무런 의미가 없다. 우리는 무엇을 하든 예수님을 위해서 해야 한다. 디트리히 본훼퍼(Dietrich Bonhoeffer)는 이렇게 말했다. "예수 안에서, 하나님이 우리를 위하고 계시는 것과 가장 연소한 형제가 남을 섬기는 것은 같은 일이다."

그러나 우리가 다른 사람들을 위해 사역할 때 균형을 유지하는 것이 중요하다. 우리가 항상 다른 사람을 지도만 할 경우, 우리는 성경에서 훌륭한 조언거리를 발견해 그들에게 들려줄 수 있다. 그러나 우리는 항상 급박하고도 실제적인 그들의 필요를 채워주지는 못할 것이다. "자녀들아 우리가 말과 혀로만 사랑하지 말고 오직 행함과 진실함으로 하자"(요일 3:18). 남을 위해 희생하고 아무런 감사를 받지 못할지라도 실제적인 도움을 베푸는 것보다는 말로만 "평안히 가라, 더웁게 하라, 배부르게 하라"(약 2:16)

고 하기 쉽다.

그러나 우리가 급한 도움이나 물리적 요구만을 채워주고 영적 조언을 해주지 못할 경우, 우리는 다른 사람들의 삶을 위한 장기적인 투자를 하지 못한 셈이다. 그리고 그들에게 그리스도 곧 유일하게 그들의 영적 필요를 채워주실 수 있는 분을 소개하지도 못하는 셈이다. 우리는 남을 섬기고 선한 일을 힘씀으로 우리가 지닌 빛을 세상에 비추게 된다. 그러나 우리의 최종 목표는 사람들로 하여금 하나님을 영화롭게 해드리도록 권면하는 것이다(마 5:16). 다른 사람을 사랑함으로, 우리는 우리가 사랑하는 것보다 하나님이 그들을 더욱 사랑하신다는 사실을 알게 해야 한다.

종/ 지도자로서 우리는 각기 다른 때에, 다른 방법으로, 다른 사람들의 필요를 채워준다. 이럴 때에 정해진 방침을 따르고 일관성을 유지하기란 힘들다. 버나드(Bernard of Clairvaux)는 이런 말을 했다. "정의는 각 사안의 공과를 따지는 것이다. 그러나 동정은 단지 필요 사항을 중시하는 것이다." 예수님은 자신에게 감사하기 위해 찾아오지 않았거나, 자신이 구세주이심을 믿지 않은 많은 사람들을 도와주셨다. 사실, 고침받은 사람들 중 오직 한 사람만이 예수님에 대해 증거했을 뿐이지 않는가(요 5:15-16)! 그러나 예수님은 여전히 두루 다니시며 선한 일을 행하셨다(행 10:38). 왜냐하면 바로 그것이 자신이 이 세상에 오신 목적이며 하나님을 영화롭게 하는 일이었기 때문이다.

종의 지도력은 하나님이 자기 백성을 영적으로 성숙시키시는 방편이다. 성숙한 믿음을 위해 요구되는 한 가지 일은, 당신이 져줌으로써 이기고, 잃어버림으로써 얻으며, 섬김으로써 지도할 수 있다는 사실을 믿는 것이다. 이런 사실은 바로 예수님이 우리에게 약속하신 것이다. 우리들 대부분은 다음과 같이 행동하는 것이 훨씬 쉽다. 즉, 최신의 경영법에 관한 베스트셀러 서적을 사보며 전문가를 모방하는 일이다. 아니면 전문가들의 방법을 도용하고 있는 강사들이 주관하는 '최상의 세미나' 에 참석하는 일이다. 그러나 예수님은 그러한 접근 방식을 취하지 않으셨다. "이방인의 임금들은 그들을 주관하며 그 집권자들은 은인이라 칭함을 받으나 너희는 그렇지 않을지니 너희 중에 큰 자는 젊은 자와 같고 다스리는 자는 섬기는 자와 같을지니라"(눅 22:25-26).[2]

우리는 다른 사람을 섬길 때, 우리의 지위나 권위를 포기하지 않는다. 대신, 우리는 우리가 지위나 권위를 지니는 것이 주님과 그분의 백성을 위해 안전하다는 사실을 증명한다. "이에 이 사람들을 먼저 시험하여 보고 그후에 책망할 것이 없으면 집사의 직분을 맡게 할 것이요"(딤전 3:10). 집사들에게 적용되는 원칙은 다른 지도자들에게도 적용될 수 있다. 우리는 먼저 우리가 어떻게 복종하고 섬기는지를 알고 있음을 입증해야 한다. 그런 다음에 우리는 권위를 위임받을 수 있다. 우리가 어떻게 권위에 복종하는지를 배우지 못했다면, 어떻게 우리가 하나님의 영광을 위하는 권위를 행사하기를 바랄 수 있겠는가?

따라서 종의 지도력은 우리의 믿음을 확립하는 데 도움이 된다. 단지 순복하는 종들은 하나님을 신뢰하며, 주님이 자신들 가운데서 역사하시고 자신들을 통해 주님의 뜻을 이루신다는 사실을 믿음으로 살아간다. "상전의 손을 바라보는 종들의 눈 같이 여주인의 손을 바라보는 여종의 눈 같이 우리의 눈이 여호와 우리 하나님을 바라보며 우리에게 은혜 베풀어 주시기를 기다리나이다"(시 123:2). "우리를 치러 오는 이 큰 무리를 우리가 대적할 능력이 없고 어떻게 할 줄도 알지 못하옵고 오직 주만 바라보나이다"(대하 20:12).

종의 지도력은 또한 우리가 사랑 가운데 성숙하는 데 도움이 된다. 세상의 지도자들은 반드시 손아래 사람들을 사랑해야 할 필요가 없다. 그들이 해야 하는 모든 일은 계획을 수립하고 아랫사람들에게 무엇을 해야 하는지를 일러주는 것이다. 그런데 일부 사역자들이 바로 이런 식으로 행동하고 있다. 그들은 우는 자들과 함께 울지 않으며, 다른 사람들의 짐을 대신 지지 않고, 그리스도에 대한 사랑을 드러내지도 않는다. 그러나 하나님의 종들은 사랑이 필요하다. 왜냐하면 그들은 어려운 문제를 안고 있는 불우한 사람들을 도와주도록 부름받았기 때문이다. '주요 지도자들' 인 제사장과 레위인은 다친 사람을 돌보지 않고 그냥 지나치고서도 정결한 도덕관념을 유지할 수 있었을 것이다. 그러나 종의 마음을 지닌 사람은 도움을 필요로 하는 사람이 있는 곳으로 가서, 자비란 치유약을 부어주어야 한다.

자신만이 진리를 따르는 유일한 사람인 양 여기는 배타적인 크리스천들은 하나님의 사랑을 체험하는 가운데 성숙하지 못한다. 에베소서 3장 18절에 따르면, 우리에겐 우리가 하나님의 크신 사랑을 깨닫게끔 도와줄 수 있는 '성도' 가 필요하다. 여기서 말하는 '성도' 에는 우리가 더불어 다투고 있는 신자들도 포함된다. '형제의 사랑' 을 실천하기란 쉽다. 왜냐하면 형제(그리고 자매)는 한 가족이며 다같이 부모의 유산을 상속받기 때문이다. 그러나 크리스천의 사랑은 우리가 닮았기 때문에 사랑하는 것이 아니다. 우리가 서로 다름에도 불구하고 서로를 사랑하는 것을 의미한다.

예수님은 종의 손을 지닌 분이었다. 예수님은 문둥병자와 죽은 자, 거지와 귀신들린 자를 친히 어루만져주셨다. 예수님은 사역을 행하시는 중에 사람들에게 손을 대야만 하셨다. 왜냐하면 자신의 사랑이 무력한 자들에게 미치고, 그 결과 그들을 자신에게로 이끌어야 했기 때문이다. 우리 스스로는 자신이 갖고 있는 크리스천의 사랑을 느끼지 못할 때가 많다. 그러나 다른 사람들의 필요를 깨닫고 응답할 때, 크리스천의 사랑을 발휘하게 되는 것이다. 그 결과 우리는 '그리스도의 법을 성취' 하게 된다(갈 6:2).

종의 지도력은 우리의 믿음과 사랑을 강화시켜 준다. 덕분에 우리는 인내하는 중에 우리의 삶 가운데서 다양한 방법으로 믿음과 사랑을 드러내게 된다. 종들은 자신의 수고가 효력을 발휘하기까지 인내해야만 한다. 조급한 종들은 유익을 끼치기보단 해를 끼치기 쉽다. 왜냐하면 그들은 자신이 섬겨야 할 사람들의 요구나 기분에 앞서 자기 자신의 욕구를 우선시하기 때문이다("이 일을 끝내 버리자구!"). 종들은 두 마음을 가지고는 주인을 잘 섬길 수 없다. 그들은 모든 관심을 다른 사람들을 위해 기울이며, 주인이신 하나님을 기쁘게 하는 일에 집중해야 한다. 다른 생각을 품고 있는 것은 마음이 완악한 증거이다.

종/ 지도자로서 우리는 이따금 "주님. 얼마나 오래 참아야 합니까?" 하고 외치게 된다. 한 사람이 같은 잘못을 되풀이하며, 같은 죄악 가운데 빠지고서는 우리에게 도와달라고 하는 경우를 목격할 때에 더욱 그렇다. 그럴 경우, 우리는 다른 길을 모색하고픈 유혹에 빠진다. 그러나 그때 우리는 우리가 용서받은 것처럼, 일흔 번씩 일곱 번이라도 용서해야 하는 우리의 의무를 기억해야 한다. 크리스천의 사랑은 단지 주님이 우리를 대하신 것처럼 다른 사람을 대하는 것이다. 그리고 주님이 우리의 동일한 죄를 무수히 용서해주신 것처럼, 다른 사람의 죄를 수없이 용서해주는 것이다.

진실한 종/ 지도자는 겸손한 가운데 자신이 성숙하는 것을 깨닫는다. 앤드류 머레이(Andrew Murray)가 우리에게 상기시켜 주었듯이, 겸손이란 우리 자신에 대해 비천하게 생각하는 것이 아니라 우리 자신에 대해 전혀 생각하지 않는 것이다.[3] 겸손은 다른 크리스천들의 장점이 뿌리를 내리고 열매를 맺는 토양이다. 우리가 겸손한지, 겸손하지 못한지를 아는 것은 은혜이다. 그러나 우리가 겸손하지 못하면, 우리는 영적으로 소중한 것들을 전혀 거두지 못한다.

예수님은 친히 종이 되시고 하나님 아버지의 뜻에 순종함으로 자신의 겸손을 드러내셨다(빌 2:1-11). 우리는 종으로서 순종하며 진심으로 하나님의 뜻을 행함으로 겸손을 배울 수 있다(엡 6:6). 성경 역사상 위대한 지도자들은 종으로서 출발했다. 모세와 다윗은 목자로서, 여호수아는 모세의 조력자로서 시작했다. 요셉은 보디발의 집의 종으로서, 엘리사는 엘리야의 종으로서 그리고 디모데는 바울의 수행인으로서 시작했다. 홀(笏)을 차지하기 원한다면, 우리는 수건을 갖고서 시작해야 한다.

많은 신앙 위인들은 우리에게 또 다른 사실을 일깨워준다. 참된 종/ 지도자들은 다른 종/ 지도자들을 배출한다는 점이다. 왜냐하면 우리 모두는 우리와 똑같은 부류를 배출하게 마련이기 때문이다. 우리는 오직 하늘에서만 겸손한 사역자/ 지도자들이 다른 사람에게 미치는 영향력이 얼마나 큰지를 제대로 목격하며 이해할 수 있을 것이다. 그리스도께서 복음을 전하고 병자를 치유케 하기 위해 처음으로 자신의 사도들을 파송하신 이래 지금까지 이 땅에서 사역하고 있는 종들의 영향력은 매우 크다.

만일 우리가 종이 되는 데 따르는 대가를 기꺼이 치른다면 우리는 하나님의 신실한 종들 중 한 사람이 되는 특권을 누릴 수 있다.

**C.h.e.c.k P.o.i.n.t**

권위를 행사하는 것과 권위주의자가 되는 것, 명령을 하는 것과 부탁을 하는 것 간에는 차이가 있다. 예수 그리스도는 주님이시고 자신은 그분의 명령을 받는 자임을 아는 지도자들은 복이 있다.

# 6장
# 사역의 목적은 하나님의 영광이다

"아빠, 왜 하나님의 이름은 '공허한(hollow)' 이지요?"

래리는 아이들 중 누군가가 자신을 방해할 때면 늘 그랬듯이 자신이 보던 책을 덮었다. 그런 다음 대니를 자신의 무릎에 앉혔다.

"하나님의 이름이 '공허한' 이라니, 아빠는 무슨 말인지 잘 모르겠는데." 래리가 말했다. "누가 하나님의 이름이 '공허한' 이라고 말했니?"

"교회에서 매 주일 그러던데요. 우리는 '하늘에 계신 우리 아버지, 이름이 공허히 여김을 받으시오며' 라고 기도하잖아요."

래리는 미소를 지으며 네 살밖에 안 된 자신의 아들이 교회에서 들은 것을 생각한 데 대해 놀랐다. "아니야, 대니. 그 단어는 '공허한' 이 아니고

'거룩히 여김을 받으시오며(hallow)' 야. '거룩하게 하다' 는 것은 무엇을 매우 특별하게 여기고, 존경하며, 존중하는 것을 말하지. 우리가 하나님의 이름을 '거룩히 여기는' 것은 주님을 경외하며, 그분이 받으시기에 합당한 영광을 돌려드리는 거야."

대니는 아빠가 한 말을 깊이 생각해본 다음 말했다. "하지만 '거룩하게 하다' 는 이름도 우스꽝스럽잖아요."

래리는 책상 위의 사전을 집어서는 '거룩하게 하다(hallow)' 는 항목을 찾아보았다. 그리고는 대니에게 설명해주었다. "잘 듣거라. '거룩하게 하다' 라는 말은 '거룩한' 이란 뜻인 고어에서 유래한 단어야. 따라서 우리가 하나님의 이름을 '거룩히 여긴다' 는 것은 그분의 이름을 거룩하게 대하며, 따로 구별한다는 것이지. 만일 친구들이 네 이름을 갖고서 놀리면 너는 싫지. 그렇지 않니?"

대니는 입술을 오므리고 눈살을 찌푸렸다. "빌리는 나를 '스패니엘(털의 결이 곱고 귀가 긴 개 - 역주) 다니엘' 이라고 불러요. 그래서 나도 그를 '염소 빌리' 라고 부르죠."

래리는 크게 웃으면서 말했다. "대니, 우리는 악을 악으로 갚아서는 안돼. 빌리가 네 이름을 가지고 놀리면 기분이 나쁘지? 마찬가지로 우리가 하나님의 이름을 경외하지 아니하고 존중하지 않으면 하나님이 슬퍼하신단다."

"저번에 새로 지은 주일학교 건물을 봉헌할 때 같은 걸 말하시는 거죠?" 대니가 물었다.

"대니야, 그것 참 좋은 질문이구나. 우리는 새로 지은 건물을 하나님의 영광을 위해 구별해 사용하고 있지. 그 건물은 특별히 주님의 것이고 주님의 일을 위한 것이지. 그래서 우리는 그 건물에서는 다른 일을 하지 않는단다."

"그래서 사람들이 욕을 하면 하나님의 이름을 거룩하게 하는 것이 아닌가요?"

"그렇단다. 그러나 우리는 욕하는 것 외에도 다른 방법들로 하나님의 영광스러운 이름을 더럽힐 수 있지. 만일 하나님이 우리를 위해 행하신 일을 우리의 공로로 돌리고 하나님을 찬양하지 아니하면, 하나님의 영광을 가리우는 짓이지. 또한 우리가 하나님의 뜻보다 우리가 원하는 것에 더 관심을 기울인다면 그것도 하나님의 영광을 가리우는 짓이지. 그리고 우리가 하나님의 축복에 대해 감사하지 않고 당연한 것으로 여기는 것도 마찬가지야. 그건 우리가 하나님의 이름을 거룩하게 여기지 않는 짓이란다."

대니는 아빠의 뺨에 키스한 후 그의 무릎에서 뛰어내렸다. 그리고는 뒷문으로 달려가서 뒤돌아보며 말했다. "아빠, 고마워요! 빌리에게 가서 놀다 올께요."

래리는 다시금 자신의 책을 펼치거나 펜을 집어들지 않았다. 대신 조용히 의자에 앉아서 방금 대니와 나눈 대화를 숙고해보았다. 그는 혼자 중얼거렸다. "어린 녀석이 그런 말을 다 하다니. 대니가 한 말은 좋은 설교거리가 되겠는걸. 우리는 하나님의 이름을 공허하게 하는가 아니면 거룩하게 하는가? 우리 교회에서 정말로 영광받으시는 분은 누구인가?"

래리는 자신이 특히 자신의 설교에 만족스러워했으나 아무도 칭찬해주지 않자 서운해했던 때를 회상하기 시작했다. 그는 찬송에 어울리는 거룩한 분위기 대신 특송이 끝나자 박수갈채가 뒤따랐던 때를 떠올렸다. 그는 좋은 결정을 내림으로 하나님을 영화롭게 하지 않고, 열띤 논쟁을 벌이다가 섭섭한 마음에 장로들을 원망했던 당회의 모임을 기억하고는 몸을 떨었다. 다음에는 자신이 짠 예산안이 부결되자 견디지 못하고 예결산위원회 석상에서 뛰쳐나왔던 때가 떠올랐다. 물론, 그때 그는 위원들에게 사과했었다. 그러나 그들의 상한 감정이 치유되기까지는 몇 주일이나 걸렸다.

오래 전에, 래리는 설교 준비를 하는 것을 잊은 적이 있다. 그때 그는 하나님께 자신의 죄를 고백하고서 "당신의 이름이 거룩히 여김을 받으시오며"라고 기도했었다.

우리는 진심으로 하나님의 뜻을 행해야 한다(엡 6:6). 올바른 일을, 올바른 방법으로, 올바른 때에, 올바른 이유에서 행하자. 물론 그 이유는 하나님의 영광을 위해서다.

민수기 20장 7-13절에 기록된 사건은 중요한 사실을 일깨워준다. 모세는 잘못된 방법(바위에게 명하는 대신 지팡이로 바위를 치는)과 잘못된 동기(자신의 분노를 표출함)로 옳은 일을 행했다(물을 공급함). 그리고 그는 자신의 잘못에 대해 비싼 대가를 치루었다. 하나님은 자기 백성에게 물을 주셨다. 그러나 하나님은 모세가 거룩한 땅 가나안에 들어가는 권리를 박탈하셨다. 왜 그러셨을까? 모세가 이스라엘 백성 앞에서 주님을 거룩하게 하지 않았으며, 하나님의 영광을 열망하지 않았기 때문이다.

오직 하나님께 속한 영광을 우리 스스로 취하는 것은 위험한 일이다.

"나는 여호와이니 이는 내 이름이라 나는 내 영광을 다른 자에게, 내 찬송을 우상에게 주지 아니하리라"(사 42:8). 이같은 경고는 하나님이 이사야 48장 11절에서 되풀이하셨을 정도로 중요하다. 전후 문맥에서 이사야 선지자는 우상 숭배에 관해 이스라엘 백성에게 경고했다. 그러나 그 경고는 오늘날의 교회에도 적용할 수 있다. 우리의 거대한 교회 건물, 교인 수와 각종 통계 수치, 훌륭한 설교 개요, 심지어는 하나님이 우리에게 주신 재능들을 우상화하기는 너무나 쉬운 일이다.

제임스 데니(James Denney)는 이렇게 기술했다. "동시에 그리스도의 증인과 자기 자신의 증인이 될 수 있는 사람은 없습니다. 자기 자신은 총명하며 그리스도는 전능한 구원자시라는 인상을 심어줄 수 있는 사람은 없습니다."[1] 목사들은 모두 이 문구를 자신의 성경책 앞장에다 기록하고, 자신의 서재 벽에 걸어놓아야 한다. 젊은 시절의 캠벨 모간은 사역하는 중에 위기에 처했을 때, 이런 물음에 직면했었다. "나는 대중적인 설교가가 되려고 하는가 아니면 하나님의 신실한 말씀 전달자가 되려고 하는가?" 이러한 물음에 답해 모간은 자신의 훌륭한 설교 초안들을 태워버리고, 주님의 진실된 말씀 전달자가 되기로 굳게 결심했다. 그 결과, 그는 정말로 주님의 신실한 말씀 전달자가 되었다.

주님이 행하신 산상 설교의 주요 주제들 중 하나는 크리스천의 삶을 위한 올바른 동기이다. 우리는 다른 사람들로부터 칭찬받기 위해서 기도하고, 구제하며, 영적 훈련을 행하는가 아니면 주님을 기쁘시게 하고 영화롭게 하기 위해 그렇게 하는가? 우리가 행한 희생이나 일에 대해 인정받지 못하는 경우 우리는 당혹해하지는 않는가? 우리는 자기 자신의 왕국을 건설하려 하는가 아니면 하나님 나라를 구현하려 하는가? 사람들이 우리의 선행을 목도하였을 때, 그들은 우리를 칭찬하는가 아니면 하늘에 계신 하나님 아버지께 영광돌리는가?

하나님은 온 세상에서 가장 높으신 분이므로 우리의 경배와 찬양을 받으시기에 합당하다. 사실, 하나님의 자녀로서 우리가 갖고 있는 가장 큰 특권은 하나님을 예배하고 섬기며 오직 그분의 영광을 위해 모든 일을 행하는 것이다. 하나님은 자신의 영광을 위해 우주를 창조하셨다(민 14:21; 시 19:1). 따라서 우리가 주님을 영화롭게 할 때, 우리는 그분의 피조물과 합력하며 그분의 피조물은 우리와 합력한다. 하나님의 위대한 구원 계획은 그저 죄인들을 지옥에서 구해내는 것이 아니라, '하나님의 영광을 찬양하게 하는 것' 에 그 목적이 있다(엡 1:6, 12, 14).

우리는 자신의 몸을 사용해 하나님을 영화롭게 할 수 있다(고전 6:19-20). 그것은 우리가 기꺼이 하나님을 섬기며, 필요하다면 그분을 위해 고난당하고 죽는 것까지 포함한다(요 21:18-19; 빌 1:19-22). 우리는 순교자가 되도록 부름받지는 않았을 것이다. 그러나 우리는 하나님의 뜻을 이루어드리는 '산 제물' 이 될 수 있다(롬 12:1-2). "너희가 과실을 많이 맺으면 내 아버지께서 영광을 받으실 것이요 너희가 내 제자가 되리라"(요 15:8).

성령께 순복하며 하나님의 말씀으로 무장한 종들은 주님을 가장 영화롭게 해드리는 일들을 말하고 행할 수 있을 것이다(약 1:5). 그들은 점차 자신이 현명한 결정을 내리게 해주는 영적 직관력을 키워나간다. 그리고 전방에 위험이 도사리고 있음을 자신에게 경고해주는 하나님이 주신 '레이다' 를 개발해나간다. 우리의 유일한 소망이 주님을 영화롭게 해드리는 것일 때, 우리는 보다 더 기꺼이 다른 사람에게 양보하며, 그들이 자신의 은사를 사용하게 할 것이다. 하나님이 영광받으시는 한 우리는 누가 영예를 차지할는지에 대해 염려하지 않는다.

만일 우리가 조심하지 않는다면 '하나님의 영광' 이라는 친근한 문구는 빛바랜 상투적 문구가 될 것이다. 그리고 그것은 우리가 하기 원하는 '영적 일들' 이면 무엇이든 옹호하는 데 사용하는 종교적 방패가 될 것이다. 찰스 스펄전은 자신이 하나님의 영예와 영광을 위해 시가(엽궐련)를 피웠다고 말했다. 그러나 구세군의 지도자인 브람웰 부스(Bramwell Booth)는 스펄전의 말을, 담배 피우는 젊은 남녀를 고무시킨 '경박하고 불경건한 변명' 이라고 혹평했다.[2] 그럼에도 하나님은 모두가 놀랄 만큼 스펄전과 구세군 둘 다를 축복하셨다. 이 사실은 우리가 인정하지 않는 사람들에 대해서도 하나님이 축복하실 수 있다는 사실을 증거해준다.

성경에서, '하나님의 영광' 이란 말이 하나님은 어떤 분이시며 어떤 일을 하시는지를 뜻하는 하나님의 유일한 속성을 가리키는 경우는 그리 많지 않다. 대개 그것은 하나님에 관한 모든 것이 영광스러움을 의미한다. 하나님은 능력과 거룩함에 있어서 영광스러우시다. 그러므로 애굽 군대에 '영광스러운 승리' 를 거두셨다(출 15:1, 6, 11). 하나님의 역사는 영광스러우며(시 111:3), 그분의 이름도 영광스럽고(신 28:58), 따라서 그분의 하늘 보좌도 영광스럽다(렘 17:12). 하나님이 언제, 어느 곳에서건 자신과 자신의 역사를 드러내실 때마다 자신의 영광이 드러났다.

이토록 영광스러운 하나님이 자신의 영광을 자기 자녀들과 함께 나누고 계시다는 사실은 놀라운 일이지 않은가! 예수님은 이렇게 말씀하셨다. “내게 주신 영광을 내가 그들에게 주었사오니”(요 17:22). 그리고 예수님은 어느날 자기 백성이 하늘에서 자신의 영광을 보게 되기를 위해 기도했다(요 17:24). 하나님은 우리를 영원한 영광 가운데로 불러주셨다(벧전 5:10). 우리의 삶 가운데 내주하고 계시는 성령은 우리가 하나님의 영광스러운 면전에 이르러, 영원토록 그분의 영광을 덧입게 될 것임을 보증해준다(엡 1:13-14). 사실 바울에 따르면, 우리는 이미 영화롭게 되었다(롬 8:30). 그러나 그 영광은 아직 완전히 드러난 것은 아니다(롬 8:18-19).

누군가가 ‘하나님을 영화롭게 하는 것’을 ‘불경건한 세상이 보기에 하나님이 선하신 분으로 보이게 하는 일’로 정의했다. 예수 그리스도의 생애와 사역은 이에 관한 최상의 본보기이다. 왜냐하면 예수님은 자신이 행하고 말한 모든 것에서 하나님의 영광을 드러내셨기 때문이다. “말씀이 육신이 되어 우리 가운데 거하시매 우리가 그의 영광을 보니 아버지의 독생자의 영광이요”(요 1:14). 예수님은 십자가에 달리시게 되었을 때, 확신에 차 하나님 아버지께 이렇게 말할 수 있었다. “아버지께서 내게 하라고 주신 일을 내가 이루어 아버지를 이 세상에서 영화롭게 하였사오니”(요 17:4). 예수님보다 더 나은 활동 보고서를 제출하게 되기를 바랄 수 있는 하나님의 종은 아무도 없다.

다윗이 거인 골리앗을 물리쳤을 때처럼 우리가 하나님을 신뢰할 때, 우리의 약한 것이 강한 것으로 변해 하나님이 영광을 받으신다(삼상 17장). 장성하여 용사로서의 경륜을 쌓은 다윗은 튼튼한 갑주를 입고 가공할 만한 무기를 사용해 많은 승리를 거두었다. 그러나 그 같은 승리는 소년 다윗이 물맷돌 하나만으로 골리앗을 물리친 때보다 더 주님을 영화롭게 하지 못했을 것이다.

소년 다윗이 거둔 승리는 하나님으로 말미암아 이루어진 역사였지 않는가! 다윗은 골리앗에게 이렇게 말했다. "너는 칼과 창과 단창으로 내게 나아오거니와 나는 만군의 여호와의 이름 곧 네가 모욕하는 이스라엘 군대의 하나님의 이름으로 네게 나아가노라"(삼상 17:45).

하나님은 불가능한 상황에서 자기 백성이 대승리를 거두게 하심으로 영광받으셨다. 그 예로 히스기야 왕 당시에 예루살렘이 앗수르의 군대에 포위당한 경우를 들 수 있다(사 36-37장). 히스기야 왕에게는 산헤립의 군대의 공격에 맞설 적절한 병기가 없었다. 더욱이 그와 그의 백성은 예루살렘 감옥에 갇혀있는 죄수들이 탈출하지 못하도록 지킬 여력조차 없었다. 그러나 그들은 앗수르의 평화 조약 체결에 응하지 않았다. 대신 그들은 최상의 방책인 기도하는 편을 택해 하나님께 도와달라고 간구했다. 하나님은 자신의 이름이 영화롭게 되는 방식으로 기도에 응답하셨다. 왜냐하면 오직 자신만이 그 일을 하실 수 있었기 때문이다. 히스기야와 그의 백성은 어느 날 아침에 일어나 18만 5천 명의 적군이 전쟁터에 죽어있는 것을 보았다. 이는 하나님의 역사로 일어난 일이었다.

위험한 상황에 처했을 때 하나님의 도움을 체험한 크리스천은 하나님께 영광돌릴 수 있을 것이다. 그가 옥에 갇힌 요셉, 애굽에 거한 모세, 유대 광야에서 지냈던 다윗이든 불문하고 말이다. 그리고 페르시아 궁전에 있던 에스더, 옥중의 베드로, 난파선에 타고 있던 바울이든 간에 말이다. 하나님이 우리와 우리 가족 또는 우리 교회에 특별한 시련을 허용하실 때,

하나님의 목적 중 하나는 다음과 같은 것이다. 그것은 곧 우리에게 하나님의 이름을 영화롭게 할 수 있는 기회를 주시기 위함이다. "만일 그리스도인으로 고난을 받으면 부끄러워하지 말고 도리어 그 이름으로 하나님께 영광을 돌리라"(벧전 4:16).

대개 우리가 섬기고 있는 교인들은 요셉이나 에스더, 다윗처럼 특별난 인물은 아닐 것이다. 이는 우리 역시 마찬가지이다. 그러나 옛날에 '평범한 사람들' 의 삶 가운데서 자신을 영화롭게 하신 하나님은 우리가 하나님을 신뢰할 경우, 오늘날 우리의 삶 가운데서도 자신을 영화롭게 하실 것이다. 휠체어에 앉아있는 하반신 불구 환자는 다윗만큼 큰 명성을 얻지 못할 것이다. 그러나 하나님은 그의 삶 가운데서도 꼭같은 영광을 거두실 수 있다. 불평할 줄 모르는 은퇴한 노부부는 검소하게 산 결과 선교 사역을 후원할 수 있었다. 이는 그들이 하나님의 은혜와 그분의 도움을 의지함으로 하나님을 영화롭게 한 경우이다. 사람들이 우리(본서의 저자인 위어스비 형제를 말함 - 역주)를 보고 우리가 어떻게 항상 기뻐하고 인내하며 지내는지 놀라워했을 때, 우리는 그들에게 하나님으로 말미암아 그렇게 지낸다고 대답했다. 밥 쿡(Bob Cook) 박사는 늘 이런 말을 했다. "당신이 어떻게 해서 그런 일이 일어났는지를 설명할 수 있을 것 같으면, 하나님은 그 일을 하지 않으신다."

크리스천이 사역을 수행하다 보면 자랑하고 싶으며, 자만에 빠지기 쉬운 유혹을 많이 접하게 된다. 그러나 그러한 유혹은 단호히 격퇴해야 한다. 하나님은 다른 사람이 자신의 영광을 차지하는 것을 원치 않으신다.

오늘날 목사들은 자신이 한때 지니고 있었던 전문적인 능력을 더이상 갖고 있지 않더라도, 여전히 권위를 지닌 사람으로 인정받는다. 그들은 매주, 교인들 앞에 서서 하나님의 말씀을 선포한다. 그들이 전하는 설교(우리가 듣고 받아들이는) 이면에는 하나님의 말씀의 권위가 자리잡고 있다. 목사는 자신의 영적 권위를 사람들을 바로 세우는 데 사용하거나, 아니면 사람들을 자신의 권위를 세우는 데 이용할 수 있다. 목사는 양들을 인도하는 목자가 되거나, 아니면 양들을 내몰고 자신의 영광스러운 사역만을 과시하는 삯군이 될 수 있다.

목사는 동정심 많은 상담가이기도 하다. 이러한 그의 사역에는 위험이 가득할 수 있다. 그는 기쁠 때나 슬플 때나 항상 사람들에게 다가간다. 그리고 그들과 교제하며, 숨겨 놓은 상처를 함께 나누면서 조금씩 조금씩 그들의 내밀한 삶 가운데로 파고든다. 그가 알고 있는 모든 것은 무엇을 세우는 데 필요한 도구나 싸우는 데 필요한 병기로 사용할 수 있다. 이 모든 일은 그의 동기에 달려있다. 연약한 사람들은 점차 그를 의지할 수 있다. 그리고 야심이 가득한 목사는 그들의 요구에 부응함으로 자신의 자아를 충족시킬 수 있다. 그러한 일들은 대개 사역상의 비극을 초래하는 무분별한 사역과 은밀한 죄악을 낳게 된다.

물론 신실하고 통찰력 있는 사역자는 그러한 유혹거리를 이겨내고 그 같은 체험들을 하나님의 영광을 위하는 데 사용할 것이다. 그는 개인적인 관계가 가교(架橋)대신 덫으로 변하거나, 문제 투성이인 사람이 조언보다는 위로만을 구하는 경우를 간파할 것이다. 그는 자신에 대해 정직하고 자신의 감정에 대해 단호히 대처할 것이다. 이는 그가 차라리 손을 절단하거나 눈을 도려내라고 하신 우리 주님의 경고를 기억하기 때문이다. 주님의 경고는 충격적인 말임에 분명하다. 그러나 수술을 받는 것이 비극을 초래하는 것보다 낫다.

우리가 깨닫든 못 깨닫든 간에 교인들은 우리가 자신들을 대하는 자세와 우리가 행하는 사역을 평가하고 있다. 그렇다고 해서 그들이 항상 자신의 목자를 제대로 평가해주지는 않는다. 그들은 우리에게서 즐겁게, 의욕적으로 섬기는 크리스천의 자세를 보고 있는가? 아니면 우리가 정말로 싫어하는 사람들을 위해, 우리가 원치 않는 일을 힘들고 아무런 생각없이 수행하는 것을 보고 있는가? 만일 우리가 조심하지 않으면, 우리는 충실하게 일을 하지만 일을 즐기지는 않은 형(예수님의 탕자 비유에 나오는 형제 중의 형을 말함 – 역주)이 될 수 있다. 그는 자신에 대해서는 높이 평가하면서도 동생에 대해서는 비판한 사람이다. 또한 그는 우리로 하여금 하나님의 뜻과는 다르게 행동하게 하는 숨은 계획을 갖고 있던 사람이다. 그런 사람이 될 경우, 우리는 즐거운 잔치에 참석하지 않고 구경만 하는 방관자가 되게 된다.

하나님의 영광에 초점을 맞추고 있는 헌신적인 사역자는 자신이 스스로나 교인들의 우상이 되는 것을 피할 것이다. 만일 목사가 진실되게 하나님의 영광을 추구하지 않는다면, 그 교회는 결국 목사를 영화롭게 하고 말 것이다. 그때에는 사역자와 교회 모두 곤경에 처하게 될 것이다. 우리는 하나님의 뜻과 사탄의 계획을 혼동하지 않기 위해 칭찬받는 삶을 주의해야 한다(마 16:21-23). 지도자는 비판자들보다 자신의 제자들로부터 더 많은 고난을 당한다는 말은 참으로 적절하다. 이 점은 특히 크리스천의 사역에 있어서는 더욱 그러하다.

명예와 명성은 성공과 동일한 것이 아니다. 하나님은 종의 이름을 존대케 하려 하실 때 그렇게 하실 수 있다. 그러나 우리가 스스로를 존대하려 하는 것은 별개의 일이다. 하나님은 여호수아에게 말씀하셨다. "내가 오늘부터 시작하여 너를 온 이스라엘의 목전에서 크게 하여"(수 3:7). 여호와 하나님은 여호수아를 존대케 하심으로 자신을 영화롭게 하시고 큰 일을 행하셨다. 그러나 여호수아의 체험은 자신들 중에서 누가 가장 큰 지를 논쟁했던 예수님의 제자들의 경우와는 다른 것이지 않는가! 위대하신 분은 오직 하나님이시다.

하나님의 종들은 자신의 이름이 널리 알려지고, 자신의 업적으로 인해 칭송받을 때가 가장 위험하다. 다음의 글은 유다의 가장 유명한 왕들 중 한 사람인 웃시야에 관한 기록이다. "그의 이름이 멀리 퍼짐은 기이한 도우심을 얻어 강성하여짐이더라"(대하 26:15). 그러나 웃시야는 "내가 약한 그때에 곧 강함이라"(고후 12:10)는 지도력에 관한 처음의 교훈을 잊어버렸다.

하나님은 자신의 종들을 늘 약하게 하셔서 그들이 오직 하나님으로부터 힘을 얻게 하신다. 교인들은 목사가 겪고 있는 아픔과 그가 지고있는 짐, 그가 개인적으로 치르고 있는 싸움에 대해 잘 모른다. 그러나 주님은 아시고 필요한 은혜를 공급해주신다. 하나님 아버지가 자신의 자녀들을 고통의 용광로 속에 집어넣으셨을 때, 그분은 시계를 주시하며 온도 조절장치를 붙잡고 계시다. 하나님은 얼마만큼 뜨겁게, 얼마만큼 오래 연단해야 하는지를 알고 계시다. 우리가 해야 할 일은 하나님을 믿고, 우리가 정금같이 나올 수 있기를 위해 기도하는 것이다(욥 23:10).

필립스 브룩스는 자신의 명저인 「설교 강의(Lectures on Preaching)」에서 다음과 같은 조언을 들려주고 있다. "당신이 당신의 일을 충분히 감당할 수 있다고 생각하지 마십시오. 점점 더 용기가 생긴다면 오히려 두려워하십시오. 그리고 당장 잘못된 일을 중단하십시오. 이교도같은 당신의 강퍅한 심령을 돌이키십시오. 당신이 가장 엄선하고 숙고한 주제들에 대해서만 설교하려 하십시오. 당신이 사역을 행하기에 불충분한 사람임을 자각하십시오."[3] 브룩스는 이상의 글에 다음과 같은 말을 더했어야 했다. "당신이 부름받은 것은 하나님을 영화롭게 하기 위한 것임을 유념하십시오. 이로 인해 겸손하지 않으면 우리는 아무것도 이룰 수 없습니다."

교단의 한 행사장에서 뮤지컬 그룹이 청중을 열광시키는 매너로 유행가를 부르자 사람들이 크게 환호하며 박수갈채를 보냈다. 사람들은 유쾌하게 웃으면서 말했다. "대단해! 춤도 잘 추네!" 그 그룹에 이어 다발성 경화증에 걸린 사람이 목사와 함께 입장했다. 그는 휠체어를 탄 채 '예수님처럼 나를 돌봐준 사람은 결코 없네(No One Ever Cared for Me Like Jesus)' 란 찬송을 불렀다. 그가 찬송을 마쳤을 때, 회중석에는 거룩한 침묵감이 감돌았다. 사람들은 눈물을 흘렸다. 그리고는 이런 생각들을 했다. '우리 하나님은 놀라운 분이시구나! 아, 우리가 어떻게 하나님을 사랑하지 않을 수 있겠어!' 이 순간, 환호성과 박수갈채가 아닌 진정한 예배가 행해졌다.

크리스천의 사역이 연기(演技)가 될 때에는 성소가 공연장으로 변하고 교인들은 관객이 되어버린다. 그리고 예배는 연회가 되어버리고 사람의 환호와 갈채는 성공의 척도가 되어버린다. 그러나 진정으로 하나님의 영광을 위해 사역하는 자는 항상 성소에 거한다. 그럴 경우, 비록 구원받지 못한 방문객일지라도 그의 면전에서 무릎꿇고 하나님을 예배하게 될 것이다. 그리고 하나님이 우리 가운데 계시다고 고백할 것이다(고전 14:25).

다음과 같은 제임스 데니의 말은 다시금 음미할 가치가 있다. "동시에 그리스도의 증인과 자기 자신의 증인이 될 수 있는 사람은 없습니다. 자기 자신은 총명하며 그리스도는 전능한 구원주이시라는 인상을 심어줄 수 있는 사람은 없습니다."

사역의 목적은 하나님의 영광을 위하는 것이다.

**Check Point**

하나님의 영광만을 생각하는 진실된 종을 위해 하나님이 못 하실 일은 하나도 없다.

# 7장
# 사역의 도구는 하나님의 말씀과 기도다

추수 감사절은 자비스 가족에게 있어서 언제나 특별한 날이었다. 자비스의 아들들과 며느리들은 신이 나서 들떠있는 일곱 명의 손주들과 함께 이날을 항상 '인디애나로 귀향하는' 날로 삼았다. 평소 각처에 흩어져 살던 가족들이 이때 재회하는 즐거운 모임은 모두가 주님 재림 때까지 지속되기를 바라는 가족의 전통 행사였다.

자비스 부부는 세 교회에서 총 43년 동안 목회한 후 은퇴했다. 그들은 자신의 두 아들이 자신의 뒤를 잇고있음을 기뻐했다.

"그래, 단. 네가 치르고 있는 영적 싸움은 어떻니?" 아버지는 식구들이 식탁을 치우고 커피와 파이를 준비하는 동안 다니엘에게 물었다. 단은 현재 목회 사역을 한 지 3년째로서 어려움을 겪고있었다.

단은 축제 때에 우울한 분위기를 조성하고 싶지 않아서 대충 얼버무렸다. "아버지. 싸움은 계속 진행 중이에요. 그러나 걱정하지 마세요. 저를 믿으세요."

"3년째가 가장 힘든 때란다. 왜냐하면 결혼 생활로 치면 달콤한 신혼기간이 다 지나가버린 때이기 때문이지." 아버지가 말씀하셨다. "5년째는 종종 문제가 발생하는 때지. 그러나 10년째도 가장 견디기 어려운 때란다. 만일 네가 10년째까지 견뎌낸다면 교회는 한 고비를 넘기는 셈이야."

"그런 거군요. 아버지, 하지만 저는 5년까지 견디기 힘들 것 같아요. 저는 완전히 혼자 궁지에 몰리고 말 것 같아요."

아버지가 큰 소리로 말씀하셨다. "아니야, 너는 잘 해낼 수 있어! 주님이 너와 함께하시니 너는 중도에 그만두지 못할 거다!"

단은 아버지의 말씀처럼 되기란 그리 쉬운 일이 아니라고 생각했다. 더욱이 그는 아버지가 성공적인 목회자가 될 수 있었던 것과 같은 사람들을 다스리는 비결과 끈기를 갖고 있지 않았다. 지난날, 만일 단이 가족과의 의논 끝에 결정하지 않고 혼자서 선택했었다면 그는 목회가 아닌 신학교의 교수로 활동하거나 기독교 캠프를 운영하는 편을 택했을 것이다.

"아버지, 솔직히 말씀해주세요. 교회를 세워나가는 데 정말 필요한 것은 뭐예요? 진부한 얘기는 말고요." 단이 질문했다.

"단아, 두 가지가 있단다. 하나는 하나님의 말씀이고 다른 하나는 기도지. 사도행전 6장 4절에 따르면, 사도들은 기도와 말씀 전하는 일에 전력했었다. 이게 바로 네가 따라야 할 본보기란다."

단의 형인 조가 식탁 맞은편에서 말을 건네왔다. "단, 나는 아버지 말씀이 옳다는 걸 내 경험으로 알아. 내가 처음으로 부임한 제일 교회에서 지내는 3년 동안, 나는 교회 일을 처리하기 위해 내가 할 수 있는 모든 방법들을 다 동원했었어. 마치 폭격을 퍼붓듯이 일이 끊일 새가 없었지."

조의 아내가 끼어들었다. "그때, 당신이 가장 중요하게 여긴 것이 무엇인지 단에게 말해주세요." 그녀는 말했다.

약간 어색한 미소를 지으며 조가 말했다. "알았어, 로리. 지금 우리 두 사람은 그때 일을 떠올리며 웃을 수 있지. 그때 나는 내가 일을 처리해나가면서 교회 발전을 꾀하는 5개년 계획을 수립하는 관리자가 되어야 한다고 생각했었지. 당시 내가 중요하게 여긴 또다른 일은 상담이었어. 나는 사람들의 문제거리에 관해 듣고 모든 일을 아는 것처럼 행동하며 시간을 보냈었지. 주일 아침은 예배드리는 날이 아니었어. 사람들을 접대하느라고 대개 하루를 다 보내는 식이었단다. 고백하건대, 나는 그때 성경 공부를 별로 하지 못했고 심한 어려움에 빠졌을 때만 기도했었어. 그런 시행착오를 겪고 난 다음에야 나는 아버지의 조언을 따랐지. 설교하고, 하나님의 말씀을 가르치며, 교인들을 위해 기도하고, 그들과 함께 기도하는 것이 중요하다는 사실을 깨달은 거야. 그러기까지에는 시간이 걸렸단다. 그 사이에 우리는 교인들을 일부 잃어버렸지. 그러나 올바른 사역을 시작하니까 그때서야 비로소 하나님이 보시기에 아름다운 일들이 일어났어. 하나님이 보시기에 아름다운 일은 지금도 계속해서 일어나고 있지."

아버지가 말씀하셨다. "얘들아, 일은 항상 균형을 이루어야 한단다. 만일 너희가 교회에서 늘 기도만 하고 성경은 보지 않는다면 빛은 없고 열만 내며, 지식은 없고 열심만 있는 꼴이 되고 말지. 그러나 반대로 너희가 기도는 하지 않는 채 성경만 본다면 열은 없고 빛만 발산하는 셈이지. 그러면 너희는 교회가 아닌 성경 학교를 맡아 사역하고 있는 것과 같아. 기도가 없는 성경 지식은 사람을 마구 추켜세우게 되지. 하나님의 말씀과 기도가 동시에 있어야만 균형잡힌 크리스천을 양성하고 균형잡힌 교회를 세워나갈 수 있어. 아마 이런 방식은 사람들의 인기를 끌지 못할 거다. 그러나 이것이 성경적인 방식이지. 그리고 이런 방식만이 하나님의 놀라운 역사를 일으키게 된단다."

다음날, 3시간 동안 차를 몰고 집으로 돌아오면서 단은 아버지와 형이 한 말을 깊이 생각했다. 그는 그들의 말이 옳았음을 고백했다. 그러나 기도와 하나님의 말씀에 초점을 맞추는 것이 곧 그 자신의 생활 방식과 교회의 여러 계획들을 급격하게 뒤바꾸는 것을 의미하지는 않았다. 그리고 올바른 사역을 행하는 것은 결코 쉬운 일이 아니었다. 그 일은 희생과 인내를 필요로 하는 일인 것이다.

사도행전 6장 1-7절에는 초대 교회가 처음으로 직면했던 위기와 성공적으로 난관을 극복한 사건이 기록되어 있다. 날마다 양식을 나누어주는 과정에서 자신의 과부들이 홀대받는다고 히브리파 유대인들과 헬라파 유대인들 간에 논쟁이 벌어진 것이다. 그러나 실상 그 이면에는 단순히 사람들을 구제하는 것 이상의 문제가 내포되어 있었다. 그것은 아주 중요한 문제로서, 본질상 '교회가 행해야 할 사역'과 '교회의 기틀을 이루는 구조' 간의 문제였다. 한참 자라나는 아이와 마찬가지로 성장하고 있는 교회는 간간이 새로운 '체제' 가 필요하다. 초대 교회는 사역을 수행하는 데 방해받지 않기 위해 기꺼이 교회의 구조를 수정했다.

이 사건에서 정말 무엇이 문제의 근본 원인이었던가? 그것은 본디부터 유대 땅에 기거하고 있던 히브리파 유대인들이 팔레스타인 외부의 이방 세계에서 온 헬라파 유대인들에 대해 화를 낸 지리적, 편견상의 문제가 아니었던가? 전혀 그렇지 않다. 성경 기록에 따르면, 문제는 교회의 영적 지도자들인 사도들에 의해 야기되었다!(병의 목은 대개 병의 윗부분에 위치해있다.) 사도들은 구제하는 일에 바빴으므로 기도와 말씀을 전하는 사역을 소홀히 했다. 이는 곧 교회에 반목과 분열을 초래한 영적 결핍 현상을 불러왔다.

간단히 말해, 사도들은 영적 우선 순위를 혼동하였다. 이는 그들의 사역에서 그대로 드러났다. 그러나 일단 집사들이 임명되고 그들이 섬기기 시작하자 문제가 해결되었다.

스코틀랜드의 소설가인 조지 맥도날드(George MacDonald)는 이에 관해 잘 말했다. "인간이 하나님을 떠나 무엇을 하든, 불행히도 그는 실패하고야 만다. 아니면 그는 계속해서 더욱더 비참해지고 만다." 우리는 바쁘면 바쁠수록 일에 열중하느라고 더욱더 쉽게 하나님을 저버린다. 예수님이 하신 "나를 떠나서는 너희가 아무것도 할 수 없음이라"(요 15:5)는 말씀을 잘 알고 있음에도 말이다. 하나님의 말씀과 기도를 무시하는 교회는 대체물에 의존해 지탱해나간다. 아니면 우리는 교회가 표면적으로는 생동하는 것처럼 보여도, 실상은 대체물에 기대어 죽어가고 있다고 고백해야 한다.

하나님의 말씀과 기도에 열중하면 우리의 삶과 사역에 균형을 유지하게 될 것이다. 성경에 나오는 하나님의 종들이 이런 사실을 증거해준다.

모세는 시내 산에서 하나님을 뵙고 이스라엘 백성을 위해 중보했다. 그런 다음 하산해 하나님께 받은 말씀을 백성들에게 가르쳤다(출 32-34장). 선지자 사무엘은 이스라엘 백성과 그들의 새 왕에게 다음과 같이 말했다. "나는 너희를 위하여 기도하기를 쉬는 죄를 여호와 앞에 결단코 범하지 아니하고 선하고 의로운 길을 너희에게 가르칠 것인즉"(삼상 12:23). 이처럼 모세와 사무엘은 모두 하나님의 말씀과 기도에 의지했다.

다니엘은 성경을 연구하여 유대 민족을 위한 하나님의 계획을 알았다. 그때 그는 기도하며 하나님께 자기 백성을 용서하고 그들을 위해 역사해 달라고 간구했다(단 9장). 바울은 자신의 서신서에서 독자들에게 교훈을 베풀고, 이어서 그들을 위해 기도했다. 에베소서는 이처럼 균형잡힌 사역을 잘 증거해주고 있다. 바울은 자신의 서신을 읽게 될, 그러나 자신이 결코 만나보지 못한 신자들을 위해서까지 기도했다(골 2:1-2).

예수님은 이런 약속을 하셨다. "너희가 내 안에 거하고 내 말[하나님의 말씀]이 너희 안에 거하면 무엇이든지 원하는 대로 구하라[기도] 그리하면 이루리라"(요 15:7). 우리 주님은 아침 일찍 일어나 기도하신 후 이곳저곳을 돌아다니며 하나님의 말씀을 가르치는 식으로 전도하셨다(막 1:35-39).

성령께서는 하나님의 말씀과 기도로써 우리의 삶과 교회에 역사하고 계시다. 그리고 우리를 위해 하나님의 말씀과 기도로써 우리가 하나님께 불복하며, 성령을 슬프게하고, 자기 백성을 위한 하나님의 축복을 놓쳐버리는 것을 대신하고 계시다. 초대 교회 당시, 하나님의 말씀과 기도는 신자들에게 결정을 내리고 지도자들을 선택하는 데 필요한 지혜를 가져다 주었다(행 1장). 그들은 단지 구약 성경만을 참고하였음을 기억하라. 오늘날 우리는 완전한 신구약 성경을 다 갖는 특권을 누리고 있다.

오순절에 한 베드로의 설교는 하나님의 말씀을 선포한 것이었다. 이에 앞서 사도들이 함께 모여 열흘 동안 기도했었다. 따라서 베드로의 설교를 듣고 수천 명의 사람들이 그리스도를 믿은 것은 놀랄 일이 아니다(행 2장). 대적자들이 교회를 핍박했을 때, 신자들은 하나님의 도움을 간구하고 절대적으로 하나님의 말씀을 의지했다(행 4:23-30). 이로 인해 그들은 신앙을 저버리지 않을 수 있었다. 우리가 대적을 이기려면 하나님의 말씀과 기도 모두가 필요하다. 따라서 바울이 크리스천의 전신갑주에 대해 묘사할 때, 하나님의 말씀과 기도를 동시에 언급한 것은 그리 특별난 경우가 아니다(엡 6:17-18).[1]

하나님이 이방인들에게 복음을 전하도록 바울과 바나바를 부르신 것은 안디옥 교회의 지도자들이 말씀을 전하고 기도할 때였다(행 13장). 그리고 교회의 일꾼을 세울 때에 기도하는 것은 항상 성경적 방법이었다(눅 10:1-2). 바울이 밀레도에서 에베소 교회의 장로들을 만났을 때, 그들을 축복한 이유도 바로 이 때문이다. "지금 내가 여러분을 주와 및 그 은혜의 말씀(하나님의 말씀)에 부탁하노니(기도) 그 말씀이 여러분을 능히 든든히 세우사 거룩하게 하심을 입은 모든 자 가운데 기업이 있게 하시리라"(행 20:32).

새가 날기 위해 두 날개가 있어야 하고 배가 앞으로 나아가기 위해 두 개의 노가 있어야 하듯, 하나님의 말씀과 기도는 우리가 균형을 유지하며 앞으로 나아가게 해준다. 우리 모두는 우리가 좋아하고 싫어하는 것, 강한 것과 약한 것을 다 지니고 있다. 그러므로 우리는 우리가 가장 좋아하고 가장 잘하는 것에 역점을 두기 쉽다. 이렇게 하면 불행히도 균형을 이루지 못하는 사역을 하게 되고 결국에는 균형잡히지 못한 교회를 세우게 된다. 학문을 좋아하는 사역자들은 자신의 서재에만 틀어박혀 독서하는 데 골몰한다. 그동안 건넛마을에 사는 외향적이며 활동적인 사역자는 심방하고, 불쌍한 교인들을 지도하며, 잃어버린 양을 찾는 데 필요한 하나님의 도움을 열심히 간구한다. 이 두 사람은 모두 자신이 추구하는 것에 전념하고 있다. 그러나 항상 자신이 하고 싶어하는 일만을 할 수 있는 것은 아니다. 우리가 끊임없이 추구해야 하는 것은 균형이다. 성령께서는 자신의 품성과 사역에서 완벽한 균형을 이루고 계신다. 그리고 우리에게 필요한 영적 균형을 이루게 하신다. 물론 영적 균형은 성장하고 있는 교회에 절대적으로 필요한 것이다.

우리는 성경을 공부하면서 하나님이 어떤 분이시며, 원하시는 것은 무엇인지 그리고 우리가 그 일을 할 수 있게끔 어떤 식으로 돕고자 하시는지를 배운다. 우리는 그리스도 안에서 우리의 영적 부요함과 교회에 이용할 수 있는 자원들을 발견한다. 그러나 신학적으로 알고 있는 것을 실천에 옮기지 않는 것은 행함이 없는 믿음의 죄이다. 반면에 하나님의 도움을 간구하지 않는 채 말씀에 순복하려 하는 것은 오만한 죄이다. 왜냐하면 그리스도 없이는 우리가 아무것도 할 수 없기 때문이다. 기도하지 않는 것은 단순히 우리를 연약하게 하거나 곤경에 처하게해 사역할 때 어려움을 겪게 되는 것만을 뜻하지 않는다. 기도하지 않는 것은 우리를 마비시켜 우리가 하나님의 영광을 위하는 최후의 열매를 거둘 수 있는 일을 하지 못하게 되는 것을 뜻한다.

우리가 하나님의 말씀을 더 잘 이해할수록 우리는 더 잘 기도할 수 있다. 우리가 더욱더 기도할수록 성령께서는 보다 더 말씀으로 우리를 가르치시며, 우리가 그 말씀에 순종하도록 도우실 수 있다. 로마서 10장 17절에 따르면, 우리가 성경을 보다 더 잘 이해함에 따라 우리의 믿음도 성장할 수 있다. 그리고 요한복음 7장 17절에 따르면, 우리가 믿음으로 하나님의 말씀에 순복할수록 우리는 하나님의 진리를 보다 더 잘 이해할 수 있다. 진리를 위해 말씀을 연구하고, 섬기는 데 필요한 축복을 위해 하나님께 기도하는 것은 상호 경쟁적인 것이 아니다. 이 두 가지는 가장 좋은 친구 관계다.

하나님의 말씀은 살아있고 능력이 있다. 그러므로 우리가 설교가, 교사, 상담가, 증인 중 어떤 사람으로서 사역하든 간에, 우리가 그 말씀을 다른 사람들에게 전할 때 놀라운 일이 일어나게 된다. "주의 계명들은 심히 넓으니이다"(시 119:96). 그리고 온갖 부류의 사람들의 각기 다른 요구를 채워줄 수 있다.

우리가 하나님의 말씀을 전할 때에 그 말씀은 흑암 중의 밝은 빛(시 119:130, 고후 4:6), 밭에 뿌린 씨(눅 8:11), 깨끗한 물로 정결케 하는 것(요 15:3, 엡 5:26)과 같이 역사한다. 그리고 치유하는 약을 나누어주고(시 107:20), 영양분이 풍부한 음식을 공급하고(마 4:4, 고전 3:1-3, 벧전 2:2), 능력의 검을 휘두르고(엡 6:17, 히 4:12), 영적 부에 투자하는 것(딤후 2:2)과 같은 식으로 역사한다. 시편 119편에 따르면, 하나님의 말씀은 혼란에 빠진 자를 인도하고(105절), 시험당하는 자를 승리케 하며(11절), 낙심한 자에게 기쁨을 준다(14, 111,

162절). 그리고 소망이 없는 자에게 용기를(49절), 곤경에 처한 자에게 평안을(165절), 갇힌 자에게 자유를(45, 133절), 패배한 자에게 새 삶(25, 37, 40, 88절)을 줄 수 있다.

우리가 공중에다 대고 말하는 것은 아마 무익한 행동일 것이다. 왜냐하면 그 소리는 신속히 사라져버리고 말기 때문이다. 그러나 하나님의 약속은 다음과 같다. "내가 내 말을 지켜 그대로 이루려 함이라"(렘 1:12). 하나님의 말씀은 그냥 흘려 버려지거나 하나님의 목적을 이루지 못하거나 하는 경우가 없다. "내 입에서 나가는 말도 이와 같이 헛되이 내게로 되돌아오지 아니하고 나의 기뻐하는 뜻을 이루며 내가 보낸 일에 형통하리라"(사 55:11).

사도들은 어떤 일을 하면 하나님이 축복하시고 자신을 들어쓰시는지를 알았다. 그래서 그들은 이렇게 말했다. "우리가 기도하는 일과 말씀 사역에 힘쓰리라"(행 6:4).

마찬가지로 우리도 그러한 믿음의 단언을 해야 한다.

우리의 삶에서 가장 중요한 부분은 하나님이 보시기엔 단지 한 부분일 뿐이다. 그러니 개인적으로 전념하는 시간을 주님과 함께 보내도록 하라. - 그것은 곧 매일 묵상하며, 연구하고, 중보하는 훈련을 쌓는 것이다. 이는 크리스천의 섬김에 있어서 절대적으로 필요한 기본 요소이다.

사역자들은 종종 자신이 연단받는 삶과 헌신적인 삶을 결여하고 있다고 고백한다. 성경이 이러한 삶과 하나님의 칭찬받는 종으로서의 삶을 살도록 명하고 있는데도 말이다. 찰스 스펄전은 자신의 친구인 목사들에게 이런 말을 했다. "주석가들은 훌륭한 교사들이야. 그러나 하나님은 더 나은 교사시지. 우리는 기도로써 하나님께 직접 간구할 수 있어. 그러면 하나님은 우리의 간구를 들어주시지."[2]

개중 몇 사람이 스펄전에게 이의를 제기했다. "그러나 나는 매주 설교하고 교인들을 가르치고 있어. 그리고 분명, 성경을 보면서 꽤 많은 시간을 보내고 있고! 이 정도면 충분하지 않은가?"

다른 사람을 위해 음식을 준비하는 것과 요리사 자신이 직접 음식을 먹는 것은 별개의 일이다. 마찬가지로 주님께서 영양분이 풍부한 하나님의 말씀으로 당신을 먹이는 것에 대해 당신이 거부한다면, 어떻게 주님을 제대로 섬길 수 있겠는가? 예레미야(렘 15:16), 에스겔(겔 2:9-3:4), 요한(계 10:8-11)처럼 우리는 하나님이 우리에게 건네주시는 말씀을 받아먹기 위해, 잠시 하던 일을 멈추고 입을 벌려야 한다. 그렇게 해야만 우리는 사역을 계속할 수 있다.

목사는 자신의 생각을 다른 사람들과 나누려 하는 설교가로서가 아니라 다음과 같은 사람으로서, 자신이 계획한 헌신의 시간을 보내야 한다. 즉, 하나님의 은혜를 구하는 죄인, 하나님의 뜻에 귀를 기울이는 종, 하나님의 낯을 구하는 심령이 갈급한 예배자로서 말이다. 지성소에서는 우리 모두 아마추어이다. 그곳에는 전문가들을 위한 방이 없다. 하나님은 우리가 가진 신임장에 감명받지 않으신다. 만일 우리가 묵상하는 동안 성령께서 우리에게 설교를 위한 영감을 주시면, 우리는 신속히 그것을 메모한 다음 즉각 다시금 하나님과 교통해야 한다. 왜냐하면 우리는 하나님과 교통하기 위해 바로 그 자리에 있었기 때문이다.

우리가 기꺼이 배우고 말씀에 순종하려는 자세로써 성경을 체계적으로 읽는다면, 성령께서 날마다 우리에게 필요한 진리를 계시해주실 것이다. 겸손하게 주인이신 하나님의 손을 바라며(시 123편), 아침 일찍 주인이신 하나님의 문 곁에서 기다리는 종(잠 8:34)은 결코 실망치 않을 것이다. 떡을 달라 해놓고 돌덩어리를 받을 걸 기대할 수 있겠는가?

분명, 성령께서는 우리가 마땅히 간구해야 할 바를 간구하게 해주신다(롬 8:26-27). 그러나 우리가 우선적으로 기도해야 할 사안들을 목록화하는 것 역시 좋은 방법이다. 그 목록에는 이런 것이 기록될 수 있다. 구원받아야 할 사람, 반드시 해결해야 할 문제, 온 세상을 위하는 주님의 일을 위한 준비. 사역자는 종종 무슨 기도에 하나님이 어떻게 응답하셨는지를 살펴보는 데 도움이 되는 잡지를 탐독한다. 우리는 당신이 그런 잡지를 구해보더라도, 모든 일을 '알맞게, 체계적으로' 행할 줄로 믿는다.

그러나 참된 기도에는 축복과 함께 싸움이 동반된다. 에바브라처럼 우리는 모든 사람을 위해 '애써 기도' 해야 한다(골 4:12). 우리의 적은 강하고 그의 용병술은 치밀하다. 따라서 하나님의 용사들은 날마다 하나님의 전신갑주를 입고 주님이 우리에게 승리 주실 것을 믿어야 한다(엡 6:10-18). '싸움을 위한 기도' 는 사단의 요새를 파한다(고후 10:1-6). 그리고 하나님의 능력을 간구하는 것은 적을 패배시킨다.[3] 우리에게 '항상 기도하고 복음의 갑주를 입으라' 고 교훈하는 옛 찬송은 기도의 중요한 측면을 지적해준다. 즉 대적들은 우리가 기도하지 않기를 바라고 있다.

그러나 단순히 하루를 예배와 묵상, 기도로 시작하는 것만으로는 충분하지 않다. 우리는 하루 종일 이러한 영적 자세를 견지하며 '전능하신자의 그늘 아래 거하'여야 한다(시 91:1). 향을 금향단에 피우던 구약의 제사장 - 기도하는 모습(시 141:2) - 이 하루 종일 향 냄새를 맡았듯이, 우리 역시 그러해야 한다. 느헤미야처럼 우리는 백성을 독려할 뿐 아니라 성벽을 쌓는 일에 우리가 백성과 함께 수고하고 있음을 주님께 보여야 한다.[4]

헌신적인 삶을 사는 것은 어느 크리스천이든 쉽지 않다. 특히 날마다 영적인 일들을 접하고 행하는 하나님의 종들에게는 더욱 쉽지 않다. 고(故) 반스 하브너(Vance Havner)는 다음과 같이 말했다. "마귀는 정말 기도하는 설교가에 대해 끊임없이 음모를 꾸민다. 왜냐하면 자신의 기도실에 있는 사역자란 그 이상도, 그 이하도 아닌 바로 그 사람이다라는 말이 있기 때문이다." 기도하는 삶보다 더 나은 삶을 살 수 있는 크리스천은 없다. 오직 하나님 아버지만이 우리가 기도해야 할 때 무엇을 하고 있는지를 아신다.

기도는 중요하다. 그러나 사역자의 기도만으로는 사역을 완수할 수 없다. 그에게는 배후에서 기도하는 교회의 힘이 있어야 한다. 한 방문객이 스펄전에게 그의 성공적인 사역의 비결을 묻자, 그는 잠시 생각하더니 대답했다. "우리 교인들이 저를 위해 기도해주는 것이지요." 사역자가 이것보다 무엇을 더 원할 수 있겠는가?

언제 교회가 기도하는지는 중요치 않지만 교회가 기도하고 있다는 것은 중요하다. 왜냐하면 하나님의 백성이 합심해 주님께 부르짖을 때, 놀라운 역사가 일어나기 때문이다. 수세기 동안, 매주 교회에서 열린 기도 모임은 교회에 에너지를 공급해 주는 '교회의 발전소'와 같은 것이었다. 그러나 시대가 변해, 평일 밤에 기도하기 위해 교회에 모이는 일은 이제 과

거의 일이 되어버린 듯하다. 물론 극소수이긴 하지만 지금도 교회에서 모여 기도하고 있는 교인들이 분명히 있다. 우리는 그런 사람들로 인해 하나님께 감사드린다. 그러나 평일 밤에 교회에서 모여 기도 모임을 갖던 아름다운 교회의 전통이 쇠퇴하고 있음은 우리나라가 안고 있는 만성적인 사회 병폐의 결과인 것 같다.

우리는 현재 중요한 것을 잃어버리고 있다. 그러나 낙심할 필요는 없다. 기도 모임이 쇠퇴하고 있는 것을 교회에서 기도가 완전히 사라지고 있다는 신호로 볼 필요는 없다. 기도하는 목사는 항상 기도하는 교회를 세울 것이다. 만일 그가 일주일에 한 번 저녁에 공식적인 기도 모임을 갖기 위해 성도들을 불러모으지 못하면, 그는 이렇게 생각할 것이다. 즉, 그는 교인들이 각자 집에서나 특별 모임에서 기도하고 있는 것으로 생각할 것이다. 그는 자신의 교회 직분자들과 함께 정규 모임을 가질 것이다. 커피를 마시거나 사업을 논의하기 위해서가 아니라, 진정으로 필요한 하나님의 축복을 간구하기 위한 은혜의 자리를 갖기 위해서 말이다. 그는 교회 내의 여러 기관들이 모임을 가질 때마다 그리고 특별한 때에도 합력해서 기도하는 광경을 목도할 것이다. 매주일마다 그는 교인들과 함께 자신이 감당할 그날의 사역을 위해 기도하기 원할 것이다. 그리고 자신에게 말씀을 선포하는 데 필요한 힘을 달라고 하나님께 간구하기 원할 것이다. 바울처럼, 기도하는 목사는 자신에게 반드시 필요한 기도를 해 달라고 성도들에게 요청하는 것을 부끄러워하지 않을 것이다.

우리 교인들은 기도 사역이란 어떤 것인지, 주님이 어떻게 기도에 응답하시는지 알 필요가 있다. 왜냐하면 그런 사실을 알고 나면 더욱 기도에 힘쓸 수 있기 때문이다. 일부 교회에서는 항상 교인들에게 필요한 소식을 전하며 위해 기도할 수 있도록 지도하는 '기도 전담 위원'을 두고 있기도 하다. 오늘날 우리들이 접하고 있는 전화와 이메일, 인터넷 등으로 인해 감사한다. 왜냐하면 이것들은 하나님이 어떻게 자기 백성의 기도를 들으시고 응답하시는지를 교인들에게 쉽게 이해시켜 줄 수 있는 도구가 되기 때문이다. '기도의 연결고리'는 하나님의 교회를 살아 움직이게 해주는 심장 박동이다. 따라서 우리는 마땅히 기도에 힘써야 한다.

이제 목사에 관해 다시 살펴보자.

우리의 선배 목사들은 설교를 위해 말씀을 연구하는 중에 기도하곤 했다. 또한 그들은 설교를 하기에 앞서 하나님의 도움을 구하는 기도를 하며, 설교하는 도중에도 종종 기도하곤 했다. 경건한 로버트 머레이 멕케니는 자신의 설교 원고 끝에다 항상 "주님, 도와주시옵소서!"라는 절규하는 기도를 적어놓기까지 했다. 그는 설교하는 동안, 절규하는 심정으로 하나님께 능력을 간구했었다. 어느 주일날, 한 교회 직원이 알렉산더 와이트(Alexander Whyte)에게 말했다. "목사님, 오늘 꼭 하늘 보좌에서 내려온 천사처럼 설교하셨습니다." 와이트는 조용히 응답했다. "아마 그랬을 겁니다."

이런 식으로 설교하고, 자신의 기도와 눈물로 뿌린 씨에 물을 주던 우리의 선배 목사들은 이제 모두 은퇴했다. 알렉산더 와이트는 성직 수임을 받은 것에 관해 자신의 친구에게 이런 글을 적어 보냈었다. "우리는 설교하기에 앞서 기도하고 싶어집니다. 왜냐하면 우리는 교인들과 우리가 해야 하는 사역에 대해 두려워하기 때문입니다. 그러나 설교하고 난 다음에 우리는 자신과 교인들을 위해 기도하는 것을 자주 잊어버리거나 무시해

버립니다."[5] 캐나다와 영국의 교회들에는 성체 강복식 후 성소를 떠나기 전, 자리에 앉아 조용히 묵상하고 기도하는 복된 관습이 있다. 그러나 미국에서는 목사와 교인들이 예배 후 즉시 즐거운 친교를 나누는 경향이 있다. 물론 사람들을 만나는 것도 중요하다. 그러나 혼자서 잠시 하나님과 함께하면서 기도하고, 그날 주신 말씀에 대한 하나님의 특별한 축복을 구하는 것 역시 중요하다.

지금까지 우리가 말한 것들을 요약하면 다음과 같다. 교회는 하나님의 능력이 없이는 존속하지 못하는 하나님의 기구이다. 그리고 우리가 행사할 수 있는 하나님의 능력은 기도와 하나님의 말씀을 전하는 사역에서부터 비롯된다. 방법과 행동 방식은 대개 10년 주기로 변한다. 그러나 본질은 여전히 변치 않는다. "우리는 기도하는 일과 말씀 사역에 힘쓰리라"(행 6:4). 유진 피터슨(Eugene Peterson)은 「그 말씀(The Message)」에서 이렇게 고백했다. "우리는 우리가 부여받은 기도 사역과 하나님의 말씀을 전하는 사역에 충실할 것입니다."

우리는 무슨 일이든 친히 본을 보임으로 시작해야 한다. 왜냐하면 우리 자신이 하지 않는 일을 다른 사람에게 하라고 권할 수는 없기 때문이다. 일단 우리 자신이 진정으로 헌신적인 삶을 살면, 그 다음에 우리는 교인들에게 각 가정에서든 교회의 각 기관에서든 개인적으로 기도하라고 권할 수 있다. 우리는 무엇보다 먼저 기도하며 말씀을 전하고 구제하고 친교를 나누는 교회 조직체를 이루고 있다. 우리는 그 모든 일을 통해 하나님께 영광 돌리기를 힘써야 한다. 이는 하나님이 자신의 집을 만민의 기도하는 집이라 칭함받도록 하셨기 때문이다(막 11:17).

C.h.e.c.k P.o.i.n.t

하나님의 말씀과 기도가 빠진 사역은 종교 활동에 지나지 않을 뿐이다. 가능한 한, 당신이 하나님의 백성을 더 잘 섬기는 데 도움되는 모든 것을 배워라. 그러나 그 모든 것보다 더 중요한 것은 당신이 하나님의 말씀과 기도로 사역을 하는 것이다.

# 8장
# 사역의 특권은 성장이다

**돈과 로리는** 어머니와 아버지 스웰이 마음이 넓고, 상대방의 말을 잘 들어주며, 입이 무겁다는 사실을 오래잖아 깨달았다. 부모님의 집은 이 젊은 목사 부부에겐 피난처였다. 부모님의 집 대문은 이들에게 항상 열려있었다.

"나는 네가 교인들 때문에 너무 어려워하지 않았으면 한다." 아버지가 커피를 따르면서 말씀하셨다. "우리는 항상 상대와 맞서 싸우는 사람들이지. 따라서 그 누구도 우리가 당하는 어려움을 주목하지 않는단다. 그러나 주님이 네게 원하시는 일을 행하거라. 그러면 결국 모든 일이 다 잘될 거다."

돈은 미소를 지었다. "교인들은 상대하기 힘겨운 대상이에요. 몇 사람만 제외하곤 말이에요. 그러나 그게 저의 가장 큰 문제는 아니에요."

어머니가 집에서 손수 만든 사과 파이를 돈에게 건네며 말씀하셨다. "너의 가장 큰 문제가 무엇인지 내가 맞춰볼까?"

"알아맞춰 보세요."

어머니는 조용히 말씀하셨다. "그것은 바로 네 자신에 관한 문제이지. 너는 교회의 목사가 되는 데 필요한 일이 무엇인지를 진정으로 생각해보지 않고 있는 것 같다."

돈은 황급히 파이 한 조각을 깨물어 먹었다. 그래서 대답을 할 수 없었다. 그러나 로리가 돈을 위해 대답했다.

"어머니 말씀이 옳으세요. 저는 기도와 주님이 주시는 힘 덕분에 지금까지 돈이 계속 사역할 수 있도록 조력해왔어요. 우리는 지금 사역하고 있는 교회에 부임한 지 불과 2년밖에 안 됐어요. 그러나 그 동안 돈은 사직서를 다섯 번이나 썼어요."

아버지 스웰은 미소를 머금으시면서 커피를 한 잔 더 따르셨다. "우리는 네가 지금까지 그 사직서를 교회에 제출하지 않았다는 데 대해 정말로 기쁘다. 왜냐하면 사직서를 제출한다는 것은 너나 우리 모두에게 큰 일이기 때문이야. 특히 네게는 더욱 큰 일이지."

의자에 앉아 있던 돈은 주춤거렸다. "저는 제게 무엇이 필요한지를 진정으로 생각해보지 않았어요. 그게 전부예요. 제가 솔직히 말씀드린 게 뭐 잘못됐나요?"

"네가 옳은 일에 관해 정직한 한 잘못된 것은 없지." 아버지가 대답하셨다. "정직해진다는 것은 그 누구도 주님을 섬기는 데 필요한 것을 갖고 있지 않다는 사실을 인정하는 지극히 단순한 일이야. 그렇게 할 경우, 우리는 제대로 주님을 섬길 수 있지. 네가 정직하게 행하면 영적으로 성장할 수 있을 거야."

돈은 눈살을 찌푸렸다. "만일 그렇다면 저는 아버지를 지도하는 목사가 될 수 있겠네요. 저는 제가 지금 항상 정직하게 행할 수 있을 만큼 성장했다고 확신해요!"

아버지는 싱긋 웃으시면서 어머니를 쳐다보셨다. "여보, 얘들한테 당신이 겪은 일을 이야기해줘요. 우리가 아칸소 주의 시골 주일학교에서 사역하기 시작한 첫해에 겪은 일 말이예요."

"믿기 어렵겠지만" 어머니는 냅킨으로 입을 닦으며 말씀하셨다. "그 때, 아버지는 월요일 아침마다 매일 사임할 채비를 하셨단다. 물론 아버지가 공식적인 사직서를 쓰신 건 아니었어. 그러나 만약 월요일에 노회 시찰장이 우리 집을 방문했다면, 아버지는 그분께 '당장 그만두겠습니다!' 라고 말씀하셨을 거야."

아버지는 빙그레 웃으셨다. "돈, 당시 나는 지금 네가 안고 있는 것과 꼭 같은 문제를 겪었어. 나는 주님의 능력을 바라보는 대신 나의 약함과 실패만을 쳐다보았지. 돈아, 기억하려무나. 대사도 바울도 이렇게 묻었지 않았니? '누가 이것을 감당하리요.' 그리고 그는 자신의 질문에 이렇게 답했었어. '우리의 만족은 오직 하나님께로서 났느니라.'[1] 너도 알거다. 사람이 사역에 힘쓰는 만큼, 그 사역때문에 사람이 사람답게 된다는 걸 말이야. 도전이 없으면 성장도 없는 법이다. 네가 달아날 것 같으면, 넌 반드시 다음 장소에서 동일한 일들을 당할 거야. 그러니, 교인들이 너를 사랑하고 있는 이곳에서 네가 성장해야 하지 않겠니?"

돈이 대답했다. "오래 전에 세미나에서 들은 말씀이 기억나요. 그때 강사는 우리들에게 성실히 일한 데 대한 보답은 더욱 열심히 일하는 것이라고 말씀하셨어요. 그때 나는 그분이 미쳤다고 생각했어요. 그러나 지금은 그분이 전적으로 옳았음을 알겠어요. 나는 계속 성장하거나 앞으로 나아가야 했어요. 그런데도 나는 계속 나아가기를 원치 않고 있어요."

돈은 차를 몰고 돌아오는 길에 아내에게 물었다. "로리, 어머니가 대문에서 당신에게 건네준 것이 뭐야?"

"집에 도착해서 보여드릴 게요."

얼마 안 있어 차를 차고에 주차시켰을 때, 로리는 핸드백에서 조그마한 그림 틀을 꺼냈다. 그것은 어머니가 동판에 직접 새겨 쓴 성구였다. 로리는 그것을 돈에게 건네주면서 말했다. "이것은 우리 모두를 위한 말씀이에요." 그리고는 그 말씀을 읽었다. "나 같은 자가 어찌 도망하며"(느 6:11).

돈은 아내를 꼭 껴안았다. "나는 바로 지금이 우리가 성장해야 할 때라고 생각해."

승리하는 운동 선수가 가진 최상의 목표는 명성이나 상금과 연관된 것이 아니다. 그것은 이기든 지든 간에, 언제든 경쟁할 수 있다는 확신에 찬 몸과 마음을 지닌 인물이 되는 것이다. 긴 박수갈채도 결국 그치고, 상금으로 받은 돈도 다 소비되고 말 것이다. 그러나 성공적인 운동 선수는 경쟁하고 싶은 열정, 인생을 보람되게 해주는 성취감과 더불어 항상 건강한 몸을 지니고 있다.

이 점은 크리스천의 사역에도 마찬가지다. 사역에 대한 보상은 교인들이 자신을 인정해주는 것이나 교인들의 수가 증가하는 것이 아니다. 물론 이것은 환영할 일이긴 하다. 그러나 진정한 보상은 우리를 더 나은 종이 되게 해주며, 우리가 하나님이 허락하신 도전에 맞설 수 있도록 해주는 영적 성장이다. 바울이 디모데에게 다음과 같이 권면한 이유도 바로 이 때문이다. "이 모든 일에 전심전력하여 너의 진보를 모든 사람에게 나타나게 하라"(딤전 4:15).

'진보'로 번역된 단어는 '새로운 영토로 나아가는 개척자'를 의미한다. 모든 사람이 다 개척자가 되는 기쁨을 누리지는 못한다. 우리 가운데 다수는 정착자로 지내는 편을 더 선호할 것이다. 그러나 하나님은 승리의 관을 쓰고 편히 쉬며, 더 이상 일을 하지 않게 하려고 자신의 종들을 부르신 것이 아니다. 하나님은 종종 시련을 통해 우리를 성장케 하신다. 그리고 우리가 충분히 과업을 완수할 수 있게끔 당신을 의지하게 하신다. 하나님은 불평하는 예레미야에게 물으셨다. "네가 보행자와 함께 달려도 피곤하면 어찌 능히 말과 경주하겠느냐 네가 평안한 땅에서는 무사하려니와 요단의 창일한 중에서는 어찌하겠느냐"(렘 12:5).

바울이 디모데후서 2장에서 묘사하고 있는 사역상은 하나님이 우리를 부르셔서 전심전력하게 하심을 보여준다. 왜냐하면 그렇게 하지 않을 경우, 당신은 성공적인 청지기(2절)나 군사(3-4절), 경기하는 자(5절), 농부(6절)가 되지 못하기 때문이다. 그리고 둘러앉아서 아무일도 못하게 되기 때문이다. 청지기로서 우리는 지키고 투자할 수 있는 영적 부를 지니고 있다. 군사로서 우리는 싸워야 할 전쟁과 굴복시켜야 할 대적을 직면하고 있다. 경기하는 자로서 우리는 달려야 할 경주가 있다. 그리고 농부로서 우리는 갈아야 할 밭과 뿌려야 할 씨를 갖고 있다. 우리가 이 모든 일에 전심전력하는 동안, 우리는 성장하고 더욱더 예수 그리스도를 닮아가는 영광스러운 기회를 접하게 된다.

바울이 크리스천의 연보에 관해 기록한 바는 사역에 헌신한 크리스천들에게 적용될 수 있다.

> "이것이 곧 적게 심는 자는 적게 거두고 많이 심는 자는 많이 거둔다 하는 말이로다… 하나님이 능히 모든 은혜를 너희에게 넘치게 하시나니 이는 너희로 모든 일에 항상 모든 것이 넉넉하여 모든 착한 일을 넘치게 하게 하려 하심이라… 심는 자에게 씨와 먹을 양식을 주시는 이가 너희 심을 것을 주사 풍성하게 하시고 너희 의의 열매를 더하게 하시리니 너희가 모든 일에 부요하여…" (고후 9:6, 8, 10-11).

하나님의 사역자들은 제조업자나 도매 상인이 아니다. 하나님이 우리에게 영적 씨와 양식을 제공해주심에 따라 우리는 이것을 기쁘게 다른 사람들과 나눈다. 그리고 그런 과정에서 우리 자신은 부유하게 된다. 예수님이 하나님의 뜻과 하나님의 일을 가리켜 우리를 살찌우게 하는 양식에 비유한 사실을 기억하라(요 4:34). 그런 양식이 있는 곳에 성장이 있는 법이다.

사역의 특권은 성장이다. 그러나 사역의 비극은 더 이상 발전하지 못하고 침체하는 것이다. 쉴 만한 고원에 이르러 풍광을 즐기며 정착 생활을 하기는 쉽다. 크리스천으로서 살아가야 할 본분을 점차 잊어버린 채 말이다. 우리가 성장을 멈춰버릴 때, 우리의 사역은 정체되고 와해되기까지 한다. 그리고 사람들은 우리가 하는 일에 대해 별로 위험을 못 느끼며, 우리가 무엇을 할지 쉽게 예측할 수 있게 된다. 배가 표류할 때 왜 흔들리는가?

성장이 중단되면 하나님의 종의 삶에는 고통스러운 결과가 온다. 그는 지난날에 얽매여 과거의 경험에 입각한 삶을 살기 시작하고, 주님이 자기 백성에게 나누어주신 새로운 것들을 더이상 간직하지 못한다. 그가 먹을 양식은 상하여 곰팡이가 피고, 그가 뿌린 씨는 싹을 틔우지 못한다. 남은 양식에 의존해 연명하는 그의 가족은 아마 살아남을 것이다. 그러나 그들은 그다지 건강하거나 행복하지 못할 것이다.

그 사역자는 또한 점차 자기 보호적이며 자기 방어적으로 변해갈 것이다. 그는 위험스런 새로운 견해를 제기할 새로운 교인들을 두려워한다. 그리고 그는 교회에서 자신을 옹호해주는 '지지자들' 만을 의지한다. 그는 솔직한 비판을 수용하지 못한다. 따라서 보다 나은 것을 추구하는 교인들은 교회를 떠나거나 내색을 하지 않는 반대자가 되고 만다. 교회는 변화를 거부하는 교인들을 끌어들이고, 정당성과 열정을 주장하는 신입 교인들을 배척하게 된다.

목사는 의기양양하게 공표한다. "우리 교회에는 마찰이 없다." 그러나 보다 명석한 성도들은 자신에게 이렇게 말한다. "그래, 행동하는 사람이 없으니 마찰이 없지." 그런 교회는 마치 묘지처럼 적막하기 짝이 없다.

성장하는 종들은 자신이 해야 하는 일을 위해 알아야 할 모든 사항을 안다. 그러나 성장을 중단한 종들은 자기 자신의 필요와 자신이 섬겨야 하는 사람들의 필요에 대해 전혀 알지 못한다. 그들은 고대의 무명의 기도자가 행한 대로 기도할 필요가 있다.

> 새로운 진리로부터 뒷걸음질치게 하는 소심함에서부터,
> 반면(半面)의 진리에 만족하는 게으름에서부터,
> 모든 진리를 다 안다고 생각하는 오만함에서부터,
> 오 진리의 하나님이시여, 우리를 구하소서!

교회 내에 문제가 없다는 것은 대개 교인들이 도전 의식이 없고, 교회는 점차 보수적으로 변하고 있으며, 대적은 만족하고 있다는 징조이다. 생명력이 있으며 역동적이어야 할 기독교 신앙은 경건을 가장한 상태가 대신하고 있다. 교회 직원들은 기계처럼 바삐 움직이고 목사는 그 같은 상황에 만족하고 있다. 그러나 유심히 귀를 기울일 것 같으면, 당신은 성령께서 슬퍼하면서 하시는 말씀을 들을 수 있다. "내가 네 행위를 아노니 네가 살았다 하는 이름은 가졌으나 죽은 자로다"(계 3:1). 캠벨 모간은 이것을 가리켜 '실체가 없는 명성'이라고 일컬었다. 이것은 많은 사역을 파멸시키고 있다.

얼마나 오랫동안 사역하였는지 가리지 않고 하나님의 종은 어떻게 하면 성장할 수 있는가?

첫째, 항상 진정한 자기 자신이 되려고 노력한다. 우리가 성장한다는 것은 자기 자신이 아닌 다른 무엇이 되려고 하거나 누군가를 모방하는 것이 아니다. 종종 미성숙한 사역자들은 토저(A. W. Tozer)가 '팬 클럽 심인

성' 이라고 칭한 정신 상태를 지니고 있다. 그들은 자신이 동경하는 유명한 설교가 같은 사람이 되려고 추구한다. 그러나 그러지 말고 항상 본연의 당신 자신이 되려고 노력하며, 하나님이 당신을 들어 쓰고 계시다는 사실을 믿어라. 다른 사람을 모방하는 데 시간과 정력을 낭비하지 말라. 하나님이 당신을 원래의 상태로 보존하시도록 내어드리라.

둘째, 항상 하나님과 함께 하며 그분의 진리를 좇아 살려고 한다. 아더 홈스(Arthur F. Holmes)는 우리에게 '모든 진리는 하나님의 진리임' 을 각인시켜 주고 있다. 따라서 배우고 성장할 수 있는 기회는 무한하며, 우리가 영존하는 한 지속될 것임에 의심할 여지가 없다. 성장하는 사람들은 폭넓은 독서를 하며 자신이 동의하지 않는 저자들의 글도 주저하지 않고 읽는다. 왜냐하면 성숙한 사람들은 현세에서는 "우리가 부분적으로 알고"(고전 13:9) 있음을 알기 때문이다. 하나님의 진리를 깨닫는 사람들은 아무도 시장 한구석에 웅크리고 있지 않는다.

그렇다면 우리는 무엇을 해야 하는가? 얼마나 책과 씨름하며, 계속 공부하며 나아가야 하는가? 계속 공부한다는 것은 항상 중요한 사항을 기록하고, 글의 의미를 숙고하며, 책에 표명된 견지에 비추어 자신의 견해를 검토하는 것을 뜻한다. 당신이 선택한 책은 평소에 늘 읽고 싶었던 고전적인 것이거나 새로운 신학 서적일 것이다. 또는 사역의 다른 측면에 관해 쓴 책일 수도 있다. 책을 자양분으로 삼으면 당신의 정신 상태가 성장하게 된다는 사실을 확신하라. 당신의 견해와는 다른 관점을 지니고 있는 신학자의 글도 읽어라. 당신이 평소에 관심을 기울이지 않은 사람의 전기도 읽어라. 우리가 도전을 받지 못하는 책은 우리를 변화시켜 줄 가능성이 희박하다. 따라서 신중하게 선택해야 한다.

셋째, 정직하게 하나님을 위한 헌신적인 삶을 살려고 한다. 성장을 멈춘 종은 다른 사람들에게 거짓말을 일삼을 수 있다. 그러나 거짓된 기도와 묵상으로 하나님을 속이기 시작하는 사람은 정말로 곤경에 처하게 된다. 우리는 하나님이 성경에서 하신 말씀을 받아들이며, 먼저 자신에게 적용해야 한다. 그런 다음에는 하나님이 우리에게 행하도록 원하시는 것에 관해 정직하게 하나님과 얘기해야 한다. 우리가 은밀한 장소에서도 하나님께 솔직하고 정직하게 행한다면, 우리는 시장에서 성행하는 사기와 속임수를 행치 않게 될 것이다.

하나님께 정직하면 스스로에게도 정직하기 마련이다. 그럴 경우, 우리는 자신을 정확하게 평가할 수 있다. 우리는 자신의 삶과 사역 가운데 강화시켜야 할 부분이 어떤 것인지를 알고 있는가? 우리는 기꺼이 다른 사람을 도우려 하며, 이를 위해 필요한 것을 구하려 하는가? 우리는 자신을 향상시키기 위한 계획을 수립하고 실천에 옮길 수 있는가?

넷째, 다른 사람들에 대한 책임을 지며 그들에게 배우려고 한다. 예수님은 자신의 사도들을 두 명씩 짝 지워 파송하셨다. 왜냐하면 하나님의 종들은 서로를 필요로 했기 때문이다. 솔로몬은 이렇게 충고했다. "두 사람이 한 사람보다 나음은 저희가 수고함으로 좋은 상을 얻을 것임이라 혹시 저희가 넘어지면 하나가 그 동무를 붙들어 일으키려니와 홀로 있어 넘어지고 붙들어 일으킬 자가 없는 자에게는 화가 있으리라"(전 4:9-10). 모든 사람에게 명령하지만 대답하는 사람이 아무도 없는 '외로운 순찰대원'과 같은 종은 입지가 좁을 수밖에 없다.

토마스 머튼(Thomas Merton)이 수도사들에 대해 지적한 경고는 자칭 크리스천이라 하는 모든 사람들이 새겨들어야 한다.

> 세상에서 가장 위험한 사람은 그 누구의 지도도 받지 않는 관조적인 사람이다. 그는 자기 자신의 비전을 신뢰한다. 그는 매력적인 자기 자신의 말만 따르지 다른 사람들의 말을 들으려 하지 않는다. 그는 하나님의 뜻을 자신이 확신하는 것과 동일시한다. 즉, 자신의 마음속에서 불타오르는 열정을 하나님의 뜻으로 착각한다. 그가 느끼는 것은 실상과 다르다. 그럼에도 이로 인해 그는 자신의 무오성을 확신하게 된다… 이런 사람은 전 도시나 종교 체제 또는 국가까지도 파멸시킬 수 있다. 세상은 이들과 같은 몽상가가 남겨놓은 흉터로 뒤덮이게 된다.[2]

솔로몬은 이렇게 말했다. "철이 철을 날카롭게 하는 것같이 사람이 그 친구의 얼굴을 빛나게 하느니라"(잠 27:17).

그러므로 성장하는 사역자는 다음과 같은 사람들(그들 모두가 크리스천 일꾼은 아니며 심지어는 신자가 아닌 사람들도 있음)과 긴밀한 연락망을 갖춘다. 그것은 바로 자신의 생각을 북돋우며, 자신의 견해에 도전하고, 자신의 정신적, 영적 근육을 강화해주며, 때로는 자신의 꿈과 계획을 좌절시키기도 하는 사람들의 연락망이다. 하나님은 직접 사도와 선지자들을 깨우치셨다. 그러나 오늘날 우리는 그런 식으로 가르침을 받지 못한다. 우리는 하나님의 말씀을 읽고, 기도하며, 묵상하고, 친구들과 얘기를 나눈 다음에 자신의 결정을 내린다. 그럴 때에 우리는 항상 자신의 동기를 살피고 주님이 우리에게 필요한 인도를 베풀어주실 줄로 믿는다.

다섯째, 자신의 뿌리를 깊이 내리고 주님이 지시하시는 한 요동치 않으려 한다. 모두가 다 자신의 생애를 바치려는 곳이 아닐지라도, 사역자들은 자신의 뿌리를 깊이 내리고 성장할 수 있는 곳이라면 가능한 한 그곳에 오래 머무르려 한다. 물론 이는 교회가 어떤 문제에 직면하든 간에 폭풍우를 맞이할 대비를 취하고, 전심전력하며, 믿음에 굳게 서는 것을 의미한다.

사역 중에 직면하는 어려운 상황은 성장을 촉진하며, 성장 과정이 계속되고 있음을 증거해준다. 위기는 사람을 만드는 것이 아니라 그 사람이 행한 바를 드러내준다고 하는 말은 참으로 적절하다. 사무엘 존슨은 "무엇이든 오랜 기간에 걸쳐 이루어지는 것은 더디지만 완숙한 경지에 이르게 된다"고 말했다. 우리 교회 교인들이 찬송할 때, 내가 종종 주목하는 구절은 "거룩해지기 위해 시간을 들여라"는 것이다.

우리가 맡은 사역이 일시적인 것이고, 우리의 관계가 견고치 못한 것이며, 우리의 비전이 제한된 것일 때, 우리는 우리의 가장 큰 특권인 성장을 이루지 못한다. 때로는 교인들이 한 교회에 오래 머물러 사역하려는 목사를 방해하는 경우가 있음을 인정하라. 불행히도 어떤 교회에서는 자신들의 목사를 비방하여 내쫓기도 한다. 목사가 잘하든 못하든 간에, 교회에서 '막강한 권한을 지닌 교인들'은 목사의 평균 부임 기간을 3년 정도로 간주한다. 이것은 옳지 않다. 목사가 더 오래 재임할 경우, 이를 못마땅히 여기는 교인들은 분란을 일으키기 시작한다.

그러나 주님은 우리가 골짜기에서 폭풍우를 견뎌내도록 도와주실 수 있다. 그리고 우리가 참을성 있게 양 떼를 푸른 초장과 쉴 만한 물가로 인도하게끔 도와주실 수 있다. 그러나 이 일은 시간이 걸린다. 따라서 우리는 한곳에 오래 머물러 사역할 계획을 세운다. 이 일은 믿음이 필요하므로 우리는 하나님의 약속을 의지한다. 이 일은 격려가 필요하므로 우리는 기도한다. 그리고 이 일은 사랑이 필요하다. 그래서 우리는 우리의 마음을 하나님의 사랑으로 채워주실 수 있는 유일한 분인 성령께 순복한다. 그러나 우리가 머물려고 결정하지 않는다면, 이러한 축복들 중 어느 것 하나도 성취할 수 없다.

가십(A. J. Gossip)은 "단지 집요하게 버티려고만 하는 사역자들은 대부분 실패한다"고 말했다.[3] 그의 말은 옳다. 사역자는 단지 서있을 수 있다는 사실만을 아는 무언(無言)의 울타리 기둥처럼 서 있어서는 안 된다. 그는 뿌리를 깊이 내리고, 가지를 위와 밖으로 뻗치며, 항상 자라고, 언제나 열매를 맺으며, 항상 사람들에게 유익을 끼치는 나무처럼 서있어야 한다. 달리 말해 그는 시편 1장 3절과 92장 12-15절에 묘사된 사람이 되어야 한다.

찰스 스펄전은 목회 후보생들에게 그들의 좌우명은 '앞으로 나아가라!'는 것이어야 한다고 말했다. 그러면서 그는 다음과 같은 말을 덧붙였다. "개인적인 성취감을 이루기 위해 앞으로 나아가라. 은사와 은혜를 받기 위해 앞으로 나아가라. 일을 잘 수행하기 위해 앞으로 나아가라. 그리스도의 형상을 닮기 위해 앞으로 나아가라."[4] 그는 바울이 디모데에게 해준 권고를 다시금 들려주었던 것이다. "이 모든 일에 전심전력하여 너의 진보를 모든 사람에게 나타나게 하라"(딤전 4:15).

경건한 '평신도'는 성경을 연구하며, 묵상하고, 기도하며, 좋아하는 봉사를 위해 모든 시간과 힘을 쏟을 수 있고, 실제로 그렇게 행하는 사람인 자신의 목사를 부러워한다![5] 우리 주변에서 바쁘게 살아가는 사람들은 우리가 당연한 것으로 여기기 쉬운 기회를 자신들도 누릴 수 있기를 원한다. 성실한 사역에 따르는 특권 중의 하나는 은혜와 영적 진리 가운데 성장하고 더욱더 주님을 닮아가는 것이다. 우리가 다른 사람을 부유케하면 우리 스스로가 부유해진다. 그리고 주님이 영광을 받으시게 된다.

필립스 브룩스가 자신의 교인들에게 한 말은 모든 하나님의 종들에게 적용할 수 있다. "쉬운 삶을 위해서 기도하지 마십시오. 강한 사람이 되기 위해 기도하십시오. 여러분의 능력에 맞는 임무를 맡겨 달라고 기도하지 마십시오. 여러분이 맡은 일을 잘 감당해낼 수 있는 능력을 달라고 기도하십시오."

아니면 돈 목사가 말했듯이, "지금은 성장해야 할 시간이다"라는 말을 덧붙일 수 있다.

**C.h.e.c.k P.o.i.n.t**

다른 곳으로 이식(移植)되기를 구하기 전에, 당신의 뿌리를 보다 깊이 내리려고 노력하라. 성장하는 것이 다른 곳으로 옮기는 것보다 더 쉽다.

# 우리 교회는 충분히 성장하고 있는가?

다음은 목사를 위한 간단한 점검 목록이다. 이것은 영감에 의해 쓰였거나 흠이 없는 것이 아니다. 다만 목사가 자신의 사역과 교회의 발전 정도를 제대로 평가할 수 있게 도와주는 것이다.

1. 교인들이 자신의 영적 은사를 발견하며 개발하고 있는가?
2. 모든 사람을 위하며 보다 많은 사람들이 참여할 수 있는 사역의 장이 있는가?
3. 나는 자진해서 봉사하며, 내가 감당해낼 수 있는 것보다 더 많은 일을 맡아하고 있는가?
4. 우리는 점점 더 성경의 인도를 받고 있으며, 교회의 조직과 법규, 규칙 및 교회의 전통을 의지하는 데서 탈피하고 있는가?
5. 성령이 성경 말씀을 통해 우리에게 가르치시는 대로 우리는 점점 더 예수 그리스도를 닮아가고 있는가?
6. 하나님이 기도에 응답하셔서 우리의 필요를 채워주고 계시는가?
7. 나는 믿음에 따라 사역하고 있으며 목표를 달성하기 위한 '계획'을 세우고 있는가?
8. 교인 상호 간의 일체감과 친분 관계가 커지고 있는가? 교인들은 자발적으로 서로를 위해 관심을 쏟고 있는가?

9. 우리는 담대하게 '생명력이 없는 사역들'을 폐기해버리고 새로운 사역을 시작하고 있는가 아니면 그저 지켜보고 있는가?

10. 우리는 우리 자신의 창조적인 사역을 행하고 있는가 아니면 비굴하게 다른 교회의 사역을 모방하고 있는가? 우리 교회는 다른 교회에 유익을 끼치고 있는가?

11. 교인들은 일어난 일들에 대해 놀라워하며 하나님께 영광을 돌리는가?

12. 교인들은 교회 밖의 사회 공동체에 대해 증인의 역할을 수행하고 있는가?

13. 우리는 새로운 사람들에게 복음을 전하기 위해 험한 바다를 항해하고 있는가 아니면 아무런 목적 없이 동일한 웅덩이에서 동일한 미끼로 낚시하고 있는가?

14. 교인들은 항상 말씀을 사모하며 우리 모두는 성경 속의 새로운 '초장'을 찾아 즐거이 돌아다니고 있는가? 나는 설교하는 일에 흠뻑 빠져 있는가?

15. 교회는 일꾼들에 비해 더 많은 활동 기회를 맞고 있는가? 우리는 하나님께 일꾼을 세워 달라고 기도하는가?

16. 주님은 우리 가운데서 누군가를 불러 어느 곳에서든 자신을 섬기도록 명하고 계시며, 교인들은 기쁘게 그들을 파송하며 원조하고 있는가?

17. 주님은 우리에게 새로운 생각과 도전거리를 주고 계시는가? 우리는 그것들을 성경에 입각해 확인해본 후 담대하게 주님께 복종하는가?

18. 우리의 관심은 점차 개인 중심적인 것에서 탈피해 점점 더 교회 중심적인 것으로 옮겨가고 있는가?

# 9장
# 사역의 원동력은 성령이다[1]

"다음 금요일에 있는 안나의 독주회를 잊지 마세요." 마지가 말했다. "기억해요. 저는 제임스 씨가 농구 시합 때문에 연주회를 한 주 미뤘다고 분명히 말씀드렸어요. 만일 당신이 참석치 않으면 안나가 실망할 거예요."

트레비스는 황급히 자신의 잔에 남은 커피를 들이키고는, 앉아서 허공을 주시했다. 그는 딸의 피아노 독주회를 기억하지 못했다. 마지는 트레비스의 그런 표정을 알아차리고는 말했다. "당신은 금요일에 다른 일정이 잡혀있군요. 그렇죠?"

"그래, 나는 독주회를 잊고있었어. 미안해. 그러나 내겐 안나의 피아노 연주를 듣는 것보다 더 중요한 일이 있어."

"당신은 자식들이 자신의 재능을 발휘해 하나님께 영광돌릴 수 있도록 격려하는 것보다 더 중요한 일이 있나요?"

트레비스는 눈살을 찌푸리며 커피 한 잔을 더 받아들었다. "당신은 내가 알고 있는 사람들 중에서 얘깃거리를 피아노 독주회에서 신학적 논의로 돌릴 수 있는 유일한 사람이야. 물론 나도 안나를 격려하고 싶어. 하지만 내겐 보다 중요한 일이 있어."

"또 다른 세미나인가요?" 마지가 물었다.

"그래." 트레비스는 마지가 세미나에 관해 어떻게 생각하는지 알고 있었다.

"알았어요." 마지가 말했다. "당신이 참석했던 지난 세 번의 세미나는 X세대를 이해하고, 그룹 성장을 도모하며, 복음주의적 생활 방식에 관한 것이었죠. 다음 세미나는 무엇에 관한 건가요?"

"복음주의와 교회 성장 그리고 포스트모더니즘에 관한 거야."

"그 모든 걸 성공적으로 결합시킬 수만 있다면 우리는 반드시 부흥할 수 있겠네요!" 마지가 빈정대듯이 말했다.

"하려고만 했다면 우리 교회는 부흥을 이끌어낼 수 있었어. 나도 마찬가지로 그렇게 할 수 있었고." 트레비스는 조용히 말했다.

마지는 남편의 맞은편에 앉아서 그의 손을 끌어당겨 꼭 쥐었다. "여보, 우리 모두는 부흥이 필요해요. 그러나 저는 또 다른 세미나가 우리에게 부흥을 가져다줄 수 있다고 생각하지 않아요. 우리가 교회에서 필요로 하는 새로운 삶을 성령께서 우리에게 주시지 않는다면, 그것은 다른 방법으로 얻지 못할 거예요."

트레비스는 생각에 잠겨 침묵했다. "나는 부흥을 피하려고 인간적인 방법을 찾으며 성령께 무슨 일을 해 달라고 강요하는 것은 불경죄라고 생각해." 트레비스는 자신의 코트 주머니에서 봉투를 꺼내 아내에게 건넸다. "어제 온 편지야. 누가 보낸 건지는 모르지만 왜 보낸 건지는 알 것 같아."

마지가 봉투에서 꺼낸 편지에는 다음과 같은 글이 적혀있었다.

만일 하나님이 이 세상에서 성령을 거두어가시고,

그럼에도 교회가 행하고 있는 대부분의 일들이 올바로 시행되고 있을 경우, 성령이 계시는 것과 안 계시는 것의 차이점을 예리하게 알아맞추는 사람은 아무도 없을 것이다.

- 토저(A. W. Tozer)

두 사람 모두 오랫동안 조용히 앉아있었다. 이윽고 마지가 침묵을 깼다. "그래요, 교인들 중 누군가가 우리와 교회의 사역에 관해 관심을 기울이고 있음이 분명하네요. 그들은 우리가 무엇을 놓치고 있는지를 알고 있어요."

트레비스가 말했다. "여보, 케니에게 전화 걸어 내가 금요일의 세미나에 참석하지 못하겠다고 전해줘요. 그리고 앞으로 몇 시간 동안 나 대신 전화를 받아줘요. 정말로 긴급 상황이 아니면 교인들에게 내가 전화를 받을 수 없는 상황이라고 말해줘요. 나는 2층으로 올라가서 주님과 나만의 세미나를 가져야겠어요."

복음 전도자 빌리 선데이(Billy Sunday)는 어떤 본문에 입각해 설교하든 간에 항상 이사야 61장 1-2절을 참조했다. 그 말씀은 예수님이 나사렛에서 회당 설교를 하실 때에 인용하셨던 구절이다(눅 4:18-19).

> 주 여호와의 신이 내게 임하셨으니 이는 여호와께서 내게 기름을 부으사 가난한 자에게 아름다운 소식을 전하게 하려 하심이라 나를 보내사 마음이 상한 자를 고치며 포로된 자에게 자유를, 갇힌 자에게 놓임을 전파하며 여호와의 은혜의 해와 우리 하나님의 신원의 날을 전파하여 모든 슬픈 자를 위로하되(사 61:1-2).

교인들 중에는 빌리 선데이의 광신적이며, 극장에서의 복음 발표회 같은 형태의 전도 사역에 못마땅해하는 자들도 있다. 그러나 그들도 빌리 선데이가 사역을 완수했다는 사실만은 인정한다. 적어도 100만 명의 사람들이 그가 집회를 여는 곳이면 '그를 보러 몰려들었다'. 그리고 그들 중 많은 사람들이 그리스도께서 자신의 구원주이자 주님이심을 깨달았다. 무엇이 야구 선수를 뛰어난 복음 전도자로 변모시켰는가? 그것은 바로 성령의 능력이었다.

'여호와 하나님의 영이 내게 임하신 것'은 이 땅에서 우리 주님의 사역을 행할 수 있는 비결이었다. 주님은 성육신(成肉身)하신 하나님의 아들이셨다. 그럼에도 그분은 전적으로 하나님의 영을 의지하는 가운데, 자신을 따르는 자들이 겪었던 것과 같은 노고를 겪으셨다. 이에 관해 베드로는 이렇게 말했다. "하나님이 나사렛 예수에게 성령과 능력을 기름붓듯 하셨으매"(행 10:38). 그리고 요한은 하나님이 예수에게 성령을 한량없이 주셨다고 기록했다(요 3:34). 죄 없으신 하나님의 아들이 자신의 사역을 위해 성령의 능력을 필요로 했다면, 그분의 연약하고 죄 많은 추종자인 우리에겐 성령의 능력이 더욱더 필요함을 새삼 말해 무엇하겠는가?[1]

빌리 선데이가 태어난 무렵에 드와이트 무디(Dwight. L. Moody)는 시카코에서 주일학교를 설립하고, YMCA 사역에 열중하고 있었다. 시카고 화재 이후, 무디는 뉴욕으로 가서 데오도르 퀼러 교회(Theodore Cuyler's church)에서 사역했다. 그는 월 스트리트(뉴욕 시의 증권 거래소가 있는 미국 금융계의 중심지임 - 역주)를 거니는 동안, 자신의 사역 형태를 변화시킨 성령의 체험을 했다. 그는 그런 일이 어떻게 일어났는지를 다음과 같이 증언했다.

> 어느 날, 뉴욕 시에서 나는 놀라운 체험을 했다. 나는 그날의 사건에 관해 잘 묘사하지 못하겠다. 나는 그 사건에 관해 말한 적이 별로 없다. 그 사건은 너무나 거룩한 체험이어서 뭐라고 칭해야 할지 모르겠다. 바울은 14년 동안이나 아무에게도 말한 적이 없었던 체험을 했었다. 나는 하나님이 내게 자신을 계시하셨고, 내가 하나님께 도움을 간구하자 사랑을 베풀어주신 체험을 했다는 사실만을 얘기할 수 있을 뿐이다. 나는 다시금 전도하러 다녔다. 설교 내용은 달라진 것이 없었다. 수백 명의 사람들이 회심했지만 나는 새로운 진리를 제시한 것이 아니었다. 여러분이 내게 온 세상을 줄 수 있다 할지라도, 이제 나는 내가 축복된 체험을 하기 전의 상태로 되돌아가지 않을 것이다. 내가 놀라운 체험을 하기 전의 상태로 되돌아가는 것은 저울 위에 앉은 작은 먼지처럼 무가치한 일에 다름 아니다.[2]

빌리 선데이처럼 무디는 특별한 신학 교육이나 사역 훈련, 심지어 목사 안수조차 받지 못한 '평신도' 였다. 그럼에도 하나님은 놀라운 방법으로 그를 들어 쓰셨다. 무디는 이 일을 가리켜 성령의 역사라고 말했을 것이다. 무디는 이런 말을 했다. "하나님은 우리에게 성령 충만하라고 명하셨습니다. 그 이유는 우리가 성령 충만하지 못하면, 우리의 특권을 저버리며 사는 것이기 때문입니다."[3]

무디가 1875년에 영국의 버밍햄에서 사역할 때, 유명한 회중 교회 목사이자 신학자인 데일(R. W. Dale)이 무디와 함께 협력 사역을 했다. 무디의 설교를 듣고, 사람들의 반응을 지켜본 후 데일은 무디에게 이렇게 말했다. "이 세상에서 일어나는 모든 역사는 분명히 하나님께 달린 일이야. 나는 하나님과 하나님이 행하신 일 간에 아무런 차이점이 없음을 깨달았어. 이 때문에 하나님은 유쾌하게 웃고 계실 거야. 만약 그렇지 않고 하나님과 하나님이 하시는 일 간에 차이가 있다면, 하나님은 내게 정말 미안하다고 하실 거야."[4]

초대 교회 당시, 사람들은 하나님이 베드로, 안드레, 야고보, 요한과 같은 평범한 어부를 통해 놀라운 역사를 일으키신 것을 보고 기이히 여겼다. 초대 교회 당시에는 오늘날 우리가 필수적인 것으로 생각하는 다음과 같은 많은 요소들이 없었다. 대규모 예산('은과 금은 내게 없거니와', 행 3:6). 학부와 신학 과정('본래 학문 없는 범인으로 알았다가', 행 4:13). 정치적 영향력('우리가 이 이름으로 사람을 가르치지 말라고 엄금하였으되', 행 5:28). 순수한 교회의 연대 의식('사람에게 거짓말한 것이 아니요 하나님께로다', 행 5:4).

당시 그들의 사역 비결은 무엇이었는가? "저희가 다 성령의 충만함을 받고"(행 2:4). 그러나 성령 충만은 단지 소수의 경건한 지도자들만이 누린

사치품이 아니었다. 대신 온 교회가 날마다 성령 충만을 체험했다. "빌기를 다하매 모인 곳이 진동하더니 무리가 다 성령이 충만하여 담대히 하나님의 말씀을 전하니라"(행 4:31).

신약 성경의 언어에서 '충만하다'는 말은 '지배를 받다'는 뜻이다. '외식이 가득하다'(마 23:28)는 말은 가식과 겉치레에 지배당하는 삶을 사는 것을 뜻한다. '분이 가득하다'(눅 4:28)는 말은 '분노에 지배당하다'는 뜻이며, '시기가 가득하다'(행 13:45)는 말은 '시기에 지배당하다'는 뜻이다. 우리가 성령 충만할 때, 우리는 성령에 의해 활력을 발휘하게 된다. 즉 성령이 우리를 위해 뜻하시는 바를 생각하고, 바라며, 행하게 되는 것이다.

성령이 지배하실 때 신자는 그분의 통제를 벗어나지 않는다. 왜냐하면 '성령의 열매는 …절제'(갈 5:22-23)이기 때문이다. 그리고 "예언하는 자들의 영은 예언하는 자들에게 제재를 받"기 때문이다(고전 14:32). 포도주에 취한 사람은 자제력을 상실하고 어리석은 자가 되어버린다. 그러나 성령 충만한 사람은 더욱더 자제하며 지혜롭게 살게 된다(엡 5:17-18). 사람들로부터 하나님이 주신 지성과 자제력을 앗아가는 영적 체험이라고 하는 것은 성령으로 말미암은 것이 아니다. 아마 자신이 성령 충만하다고 생각하는 사람들 중에는 어리석은 영에 사로잡힌 자들이 있을 것이다.

오직 성령만이 주실 수 있는 참된 복을 우리에게서 앗아가는 무절제와 사기 행위를 용납하지 말자. 하나님은 성령에 의해 우리 가운데서 그리고 우리를 통해 자신의 뜻을 성취하신다. 그렇지 않을 경우, 우리는 자신의 방법대로 자신의 일을 행하며 하나님의 일을 간과하게 된다. 출중한 재능과 막강한 권위를 지닌 사람들은 종종 다음과 같은 때에 하나님이 교회에서 역사하시는 줄로 착각한다. 즉, 진행되고 있는 모든 일이 단지 '회전 조절기' 같은 것에 의해 운용되고 있을 뿐인 때에 말이다. 여기서 '회전 조절기'란 교묘한 속임수와 참된 사역 간의 차이점을 알지 못하는 사람을 뜻한다.

당신은 하나님의 축복을 사용할 수 있는 권한을 다른 사람에게 줄 수 없다. 베드로는 마술사 시몬에게 돈을 주고서 성령의 능력을 살 수 없다고 분명히 말했다(행 8:18-24). 성령께서 역사하시는 데에는 분명히 하나님의 주권적 요소가 있다(요 3:8). 그러나 성령을 갈구하며 성령의 도래를 기대하는 심령에 성령께서 응답하신다는 점 또한 사실이다. 예수님은 이렇게 약속하셨다. "누구든지 목마르거든 내게로 와서 마시라 나를 믿는 자는 성경에 이름과 같이 그 배에서 생수의 강이 흘러나오리라"(요 7:37-38). 여기에다 요한은 다음과 같은 말을 덧붙였다. "이는 그를 믿는 자들이 받을 성령을 가리켜 말씀하신 것이라"(요 7:39).[5]

우리 자신이 성령 충만의 '비결'을 구하고 있을 때, 많은 신학자들이 제각각의 성령 충만론을 펼치고 있다. 만일 우리가 성령 충만에 관한 책들을 많이 읽는다면, 우리는 혼란을 겪게 될 것이다. 어떤 저자는 성령 충만에는 '세 단계'가 있다고 말한다. 반면에 다른 저자는 '열 단계'가 있다고 주장한다. 이 신학자는 "당신이 그리스도를 믿을 때에 성령 충만하게 되니" 성령 충만을 구하지 말라고 말한다. 그러나 다른 저자는 강조하여 말하기를 "그럼에도 여전히 성령 충만을 간구해야 한다"고 한다.

우리는 하나님의 복이 그분의 주권적인 뜻에 의해 결정되는 것임을 여러 번 깨달을 필요가 있다. 성령의 바람은 성령께서 원하시는 방향을 따라 분다. 따라서 당신은 그분이 무엇을 하려 하시는지 예측하거나 그분이 당신의 삶 가운데서 역사하려 하시는 방법을 통제할 수 없다. 누구나 다 무디처럼 '월 스트리트' 의 체험을 할 수 있는 것이 아니다. 그리고 모든 사람이 그렇게 생각하고 있는 것도 아니다. 그러나 정말 헌신적인 하나님의 종은 사역을 하는 가운데 성령의 능력을 알 수 있다. 다시 토저의 말을 인용하겠다. "성령 충만한 삶은 기독교 신앙의 특별한 형태가 아니다. 이것은 자기 백성을 위한 하나님의 모든 계획 중 일부분에 지나지 않는다."

하나님의 영은 거룩한 영이시므로 분명 더러운 그릇을 채우시려 하지 않는다. 우리가 진정으로 거룩한 삶을 중요시하지 않는 한, 성령께서는 우리가 충분히 하나님을 섬기는 데 필요한 것을 우리에게 주시지 않을 것이다. 우리는 크리스천의 사역을 위해서뿐 아니라 크리스천의 인격을 위해서도 성령이 필요하다. 하나님의 거룩한 표준을 무시하면서도 하나님의 능력을 구하는 것은 단지 주님을 시험하며 성령을 속이는 짓일 뿐이다. 성령의 열매는 없으면서도 성령의 능력을 구하는 것은 하나님이 모아놓은 것을 흩어버리는 짓일 뿐이다.

하나님의 영은 또한 '진리의 영' 이시다(요 14:17; 15:26; 16:13). 이는 곧 성령 충만한 신자의 삶 가운데는 속임이 있을 수 없음을 뜻한다. 크리스천들은 거짓을 내버리고 하나님의 진리를 따라 산다(엡 4:17-5:14). 우리의 삶이 거짓으로 가득 차기 시작할 때마다 사단이 역사하게 된다. 그러나 우리가 하나님의 진리를 믿고 순복할 때마다 성령이 역사하게 된다.

그러나 이 외에도 기억해야 할 사항이 있다. 진리의 영은 우리의 삶 가운데서 역사하실 때, 하나님의 진리 – 하나님의 말씀 – 를 사용하신다. 성령께서는 우리에게 진리의 말씀을 주시고(딤후 3:15–16; 벧후 1:10–21), 우리가 그 말씀을 이해할 수 있게 도와주시며(요 16:12–13), 말씀을 기억할 수 있게 해주신다(요 14:26). 그래서 우리는 일상 삶 가운데서 말씀에 복종할 수 있다. 에베소서 5장 18–33절과 골로새서 3장 16절–4장 1절을 비교해보면 하나님의 영에 충만함(통제를 받음)은 하나님의 말씀으로 충만한 것(통제를 받음)을 뜻함을 알 수 있다. 이런 사실로 인해, 신자는 기뻐하고 감사하며 서로에게 순복한다. 우리가 하나님의 말씀을 무시할 수 있으면서도 여전히 성령의 축복을 누린다는 것은 상상할 수 없는 일이다.

성령은 자신을 영화롭게 하기 위해서가 아니라 예수 그리스도를 영화롭게 하기 위해 강림하셨다. 예수님은 "그가 내 영광을 나타내리니"(요 16:14)라고 말씀하셨다. 따라서 우리가 섬기는 동기가 그리스도의 영광이 아닌 다른 것이라면, 성령께서 우리를 도와주시지 않을 거라고 확신할 수 있다. 제사장에게 거룩한 기름을 발라준 것은 일반적인 목적이나 이중적으로 '세속적인' 용도를 위해 사용토록 한 것이 아니다(출 30:31–33). 그렇게 한 것은 하나님의 거룩한 사람으로 구별하기 위해서였다. 우리는 자신을 영화롭게 하기 위해 성령을 '이용' 해서는 안 된다. 다만 성령께서는 그리스도를 영화롭게 하기 위해 우리를 사용하실 뿐이다.

사도행전 1장 8절은 성령이 우리에게 권능을 주시면 우리가 예수 그리스도의 증인이 될 수 있다고 말한다. 만일 나의 사역 목적이 그리스도의 증인이 되는 것이 아닌 다른 것이라면, 그때 나는 성령의 능력을 배제한 채 그 일을 행할 것이다. 증거한다는 것은 장사꾼처럼 쉬지 않고 유창한 말을 늘어놓는 것이 아니다. 이는 또한 신학 논쟁자처럼 날카로운 논거를 펼치는 것도 아니다. 증거한다는 것은 그리스도의 신실한 제자들 중 한 사람의 삶과 말을 통해, 성령께서 예수 그리스도를 전하는 것이다. 이는 곧 "선생이여 우리가 예수를 뵈옵고자 하나이다"(요 12:21)라고 한 헬라인들의 간청에 답하는 것이다.

바울이 말했듯이, 성령께서는 종종 우리의 연약함을 통해 그리스도를 영화롭게 하신다. "이는 내가 약한 그때에 곧 강함이니라"(고후 12:10). 자신이 약하다는 사실을 아는 약함은 점차 강해지게 된다. 그러나 자신이 강하다는 사실을 아는 강함은 약해질 뿐이다. 삼손은 블레셋인들과 싸우려 깨어났을 때, 자신이 강한 줄로 알았다. 그러나 그의 힘은 이미 그에게서 떠났었다. 다윗은 블레셋의 거인 골리앗에게 다가갔을 때, 자신이 약하다는 사실을 알았었다. 그러나 하나님은 다윗의 연약함을 강하게 변모시켜 주셨다. 삼손은 자신을 즐겁게 하는 일에 골몰했었다. 그러나 다윗은 여호와를 영화롭게 하는 일에만 집중했다.

존 브로더스(John A. Broadus)는 자신의 설교학 논문에서 다음과 같은 간략한 결론을 맺고 있다. "공적 예배를 관리하고 설교하기 위해 우리는 일반적인 것이든 특별한 것이든 모든 준비를 다한다. 그런 후, 우리가 성공적인 사역을 위해 의지하는 것은 하나님의 영이시다."[6]

마틴 로이드 존스(D. Martyn Lloyed-Jones) 박사는 자신의 유명한 저서인 「설교와 설교가들(Preaching and Preachers)」의 모든 장을 다음과 같은 사실로 결론지었다. 즉, 성령께서 설교가의 삶과 사역을 통해 역사하신다는 것이다. 그는 또한 다음과 같은 말을 했다.

> 우리 모두는 극단으로 치우치는 경향이 있다. 혹자는 자신이 준비한 것만을 의지하고 그밖의 다른 것을 구하지 않는다. 또 다른 사람은 준비하는 것을 경멸하고 열정과 기름부음, 성령의 영감만을 의지하는 경향이 있다. 그러나 우리가 취할 태도는 "이거나/ 아니면"이 아니라, 항상 "모두 다/ 그리고" 여야 한다. 즉 이 두 가지는 항상 병행되어야만 하는 것이다.[7]

달리 말해, 우리는 우리가 해야 하는 일을 성령께서 해주시기를 기대하여 하나님을 시험해서는 안 된다. 그리고 우리는 오직 성령만이 행하실 수 있는 일인 양 꾸며 성령을 슬프게 해서도 안 된다. 신실한 종은 말씀을 연구하고 묵상하며 기도하고, 교인들을 한 명 한 명 알아가며 그들의 필요를 채워주려 노력한다. 오직 하나님으로 말미암는 특별한 도움을 베풀어 달라고 항상 주님께 부탁드리면서 말이다. 로이드 존스는 이렇게 말했다. "성령의 기름부음을 바라는 올바른 방법은 준비된 자에게 성령이 임하는 줄로 생각하는 것이다."[8]

그러나 준비한다는 것은 우리가 열심히 독서를 하면서 서재에 앉아 있는 것 이상의 일이다. 이것은 우리가 기도하며, 하나님의 뜻에 순복하고, 증거하는 것을 의미한다. 그리고 하나님의 백성을 사랑하고 섬기며, 하나님의 영광을 위하는 모든 일을 행하려 하는 것을 의미한다. 바로 이것이 성령께서 기름부으실 수 있는 종류의 준비이다.

찰스 해돈 스펄전(Charles Haddon Spurgeon)은 '우리의 사역과 연관된 성령' 이라는 통찰력이 뛰어난 자신의 강연에서 이렇게 말했다. "사역자인 우리들에겐 성령이 절대적으로 필요하다. 그분이 배제된 우리의 직무는 단지 명목상의 것일 뿐이다… 만일 우리가 예수님이 약속하신 성령을 지니고 있지 않다면, 예수님이 우리에게 맡기신 임무를 완수할 수 없다."[9]

우리의 거룩한 주님은 우리에게 다음과 같은 마지막 말씀을 하실 것이다. "나를 떠나서는 너희가 아무것도 할 수 없음이라"(요 15:5).

C.h.e.c.k P.o.i.n.t

우리는 사람의 힘으로 신앙의 부흥을 꾀할 수 없다. 그러나 하나님이 자신의 백성에게로 다시 한번 바람이 불게 하실 때, 우리는 하늘로부터 부는 바람에 따라 항해할 수 있다. – 캠벨 모간(G. Campbell Morgan)

# 10장
# 사역의 모델은 예수 그리스도시다

박수갈채가 멈췄을 때, 케이스는 회중에게 미소지으며 말했다. "여러분들의 뜨거운 환대에 감사드립니다. 장로님이 제게 몇 마디 해 달라고 말씀하시더군요. 그런 기회를 갖게 되어 기쁘게 생각합니다.

무엇보다도 먼저 이 특별한 모임에 참석해주신 모든 분들께 감사드립니다. 스폴딩 박사님과 사모님은 이곳에서 30년 동안 사역하셨습니다. 이제 여러분은 베르나와 저에게 그분들의 자리를 맡아 달라고 하셨습니다. 스폴딩 박사님 내외는 너무나 사역을 잘 감당하셨습니다. 비록 부족하지만, 우리는 그분들이 일생의 대부분을 바친 사역을 성공적으로 전수하기 위해 최선을 다하겠습니다.

5년 전에 제가 스폴딩 박사님의 조력자로 이곳에 왔을 때, 저는 그야말로 풋내기 목사에 지나지 않았습니다. 그러나 그 점을 여러분께 말씀드리지 않을 수 없군요! 여러분은 제가 이곳에서 처음으로 설교한 때를 기억하실 것입니다(좌중에서 웃음이 잔잔하게 퍼져나왔다). 저도 그때 일을 잊지 않으려고 노력하고 있습니다(좌중에서 더 큰 웃음이 터져나왔다). 그러나 여러분은 그 운명적인 주일 아침 이후, 배후에서 일어난 일을 알지 못할 것입니다. 저는 여러분들께 얘기해도 좋다는 스폴딩 박사님의 허락을 받았습니다."

긴장이 고조되자 케이스는 잠시 말을 멈추고서는 물 한 모금을 마셨다.

"스폴딩 박사님은 월요일에 점심 식사를 사주시겠다며 저와 함께 외출하셨습니다. 식사 중에 박사님은 제게 질문하셨습니다. '자네는 빌리 그래이엄의 광신자이군, 그렇지 않은가?' 저는 그렇다고 말한 다음 어떻게 아셨느냐고 여쭈었습니다. 그분은 웃으시며 말씀하셨습니다. '교인들이 어제 아침에 다 알았네. 자네의 목소리와 말하는 투, 성경이 말하기를, 이란 문구를 사용하는 것을 통해 말일세. 세어보니 자네가 그 말을 26번이나 사용한 것 같던데. 그건 누구나 공짜로 사용할 수 있는 말이긴 하지.'

그 일이 있고 난 다음에 저는 제 자신의 스타일을 유지하려고 최선을 다했습니다. 그러나 얼마 못 가서 또 다른 유명한 설교가를 모방하게 되더군요. 저는 완전치 못하기 때문에 모방이 성공할 수 있는 최상의 방법이라고 생각했습니다. 물론 저는 척 스윈돌, 찰스 스탠리, 크리스 웰 등을 통해 제 나름의 방법을 모색했다고 생각합니다. 스폴딩 박사님은 언제나 제게 극복해야 할 장벽을 지적해주시면서 이렇게 말씀하셨습니다. '이보게, 우리는 자네를 다른 사람이 아닌 케이스 포울러라고 부르네. 그러니 자네 자

신이 되도록 노력하게. 그것이 바로 하나님이 자네에게 원하시는 바일세.'

이제 여러분은 저처럼 젊은 목사들이 역할 모델을 필요로 한다는 사실을 알 필요가 있습니다. 왜냐하면 바로 그것이 배우는 최상의 방법이기 때문입니다. 저는 베르나와 제가 바로 이곳에서 최상의 역할 모델을 갖고 있다는 사실을 그리 오래잖아 발견했습니다. 그들은 바로 제임스 스폴딩 박사님과 마리안 사모님입니다." (요란하고도 긴 박수갈채)

"저와 제 아내는 지금까지 5년 동안 스폴딩 박사님 내외를 지켜보면서 많은 것을 배웠습니다. 저희 부부와 스폴딩 박사님 내외는 함께 일하고 기도하며, 함께 웃고 울며, 서로 방문하고 함께 계획을 짰습니다. 이처럼 행복하게 함께했던 5년이 지난 지금, 베르나와 저와 온 교인들은 스폴딩 박사님 내외분께 작별 인사를 해야 합니다. 왜냐하면 그분들은 이곳을 떠나 캘리포니아에 거주하는 자녀들 곁으로 가게 되셨기 때문입니다.

이제 말을 맺기 전에 한 가지만 더 말씀드리겠습니다. 제가 스폴딩 박사님의 본을 따르기 시작하자 놀라운 일이 일어났습니다. 저는 더욱더 케이스 포울러다워지며, 보다 나은 케이스 포울러가 되기 시작한 것입니다! 저는 제 자신의 은사와 '목소리'를 발견하기 시작했습니다. 저는 다른 사람을 모방해야 한다고 염려할 필요가 없게 되었습니다. 그때 저는 어떻게 이런 일이 일어났는지를 깨달았습니다. 스폴딩 박사님은 그리스도를 본받으셨고 저는 스폴딩 박사님을 따랐기 때문에 제가 우리 주님을 따르게 된 것입니다. 예수 그리스도는 젊은 목사님이든 연로하신 목사님이든 간에 모든 목사들을 위한 가장 위대한 모델이십니다.

베르나와 저는 스폴딩 박사님 내외가 저희뿐 아니라 온 교인들에게 훌륭한 사역의 본을 보여주셨음에 대해 감사드리려 합니다. 모든 일에서 여러분은 주님을 따르려 해야 합니다. 베르나와 저는 아무리 노력해도 여러분과 꼭 같은 동일 인물이 될 수 없습니다. 그러나 우리는 여러분들이 지금까지 성실하게 섬겨온 분인 그리스도를 닮을 수 있습니다.

저는 모든 교인이 하나님의 은혜로 인해 이 점을 알게 되기를 원합니다. 여러분의 새로운 목사인 저와 제 아내는 다른 무엇보다 예수님이 지금 이 세상에 계셨다면 행하셨을 방법대로 여러분과 주님을 섬기기 원한다는 사실을 말입니다. 이것은 우리가 진심으로 바라는 바입니다. 하나님의 영광을 위해 우리가 이 일을 완수할 수 있도록 여러분이 매일 기도해주시기 바랍니다."

우리 주님은 결코 교회를 맡아 사역하지 않으셨다. 그러나 주님은 자신이 사랑스럽게도 자신의 '적은 무리'(눅 12:32)라고 칭하신 소그룹의 사람들을 목양하셨다. 그분이 그들을 목양하신 방법은 우리 모두가 따라야 할 좋은 본보기이다.[1] 당신은 반드시 바울처럼 말할 수 있는 사도가 되어야 할 필요는 없다. "내가 그리스도를 본받는 자가 된 것 같이 너희는 나를 본받는 자가 되라"(고전 11:1). 여러분 모두에게 필요한 것은 그리스도께 순복하는 자발성과 성경에 기록된 그분의 본을 따르는 것이다. 다음은 토마스 아 켐피스(Thomas a Kempis)의 불후의 명작의 첫 부분이다.

> "나를 따르는 자는 흑암 중에 다니지 아니하느니라" 고 주님은 말씀하셨다. 이것은 그리스도의 말씀이다. 우리는 이 말씀에서 우리가

> 그리스도의 삶과 방식을 본받아야 한다는 교훈을 얻는다. 우리가 정말로 계몽되고 무지한 심령 상태에서 구원받고 싶으면 말이다. 그러므로 우리는 전심전력하여 그리스도의 삶을 본받자… 누구든 그리스도의 말씀을 충분히, 감동적으로 이해하더라도 그는 일생동안 전적으로 그리스도의 삶을 따르기 위해 노력해야 한다.[2]

그리스도의 본을 따르려 노력한다 해서 누구나 다 크리스천이 되는 것은 아니다. 왜냐하면 구원은 회개하고 믿는 사람들에게 주시는 하나님의 선물이기 때문이다. 그러나 그리스도의 본을 무시하고 그분을 따르려 하지 않으면서도 크리스천으로 불릴 권리를 지닌 사람은 없다. 사역이란, 그리스도를 따르고 더욱더 그분을 닮아가는 것이다. 즉, 그것은 우리가 다른 사람을 섬기고 도우면서 점점 더 그리스도를 닮아가는 것을 의미한다. 점점 더 그리스도를 닮아가는 것은 이 세상에서 결코 중단하지 않고 추구해야 할 일이다. 그러나 이 세상에서의 삶이 끝나면 보다 더 축복된 하나님 나라에서의 삶을 누리게 될 것이다.

신학자들이 '성화'라고 칭하는 것은 그리스도를 따르며 성령에 의해 그리스도의 형상을 닮아가는 과정을 뜻한다. 우리 스스로는 이러한 변화가 일어나는 것을 깨닫지 못할 수 있다. 그러나 다른 사람들은 우리가 점점 더 예수를 닮아가는 변화의 과정을 주시할 것이다. 그리고 우리의 대적들도 변화를 목격하고 우리의 성화 과정을 저지하기 위해 자신이 할 수 있는 모든 일을 다할 것이다. 거울을 들여다보며 우리가 어느 정도 변화했는지를 측정하는 것은 중요한 일이 아니다. 정작 중요한 일은 믿음으로 그리스도를 바라보며 어떻게 해야 우리가 더욱더 변화할 수 있는지를 깨닫는 것이다.

여느 교인들보다 더 그리스도의 사역자들은 그리스도를 닮아가며 그리스도께서 하신 것처럼 자신의 사역을 해야 한다. 우리는 너무 자주 사도들처럼 행동하며 그중에 누가 가장 큰 지를 논쟁한다. 그리스도의 본을 좇고 섬기는 것 대신에 말이다. 만일 사도들이 경쟁적으로 권력과 인정을 받으려 다투는 생생한 광경을 보고 싶었다면, 로마의 관리들과 군인들 주위에 몰려들어 그들을 쳐다보았을 것이다. 로마인들은 사람들을 주관하고, 권위를 행사하며, 일을 처리하는 집권자들이었다(막 10:35-45).

우리가 종의 마음을 지니는 한 체계적이고도 효과적으로 일할 수 있다. 그러나 종의 마음을 지니지 않는다면 우리는 사람들을 돕는 대신, 결국 그들을 이용하고 착취할 것이다. 사역의 본질은 섬김임을 기억하라. 예수님은 우리에게 하나님이 받으시고 복주시는 종류의 사역을 보여주신 모델이시다.

우리 주님이 이 땅에서 섬기신 것은 하나님 아버지와 그분의 관계에서 비롯된 것이다. 아침 일찍, 주님은 하나님 아버지의 인도를 구하기 위해 한적한 곳으로 기도하러 가시곤 했다(막 1:35-39). 예수님은 영존하시는 하나님이셨음에도 성육신(成肉身)하셔서 스스로 인간의 한계를 체득하셨다. 그러므로 주님은 기도하고, 말씀을 믿으며, 성령의 능력을 의지하셨다. 따라서 오늘날 주님을 따르는 자들인 우리도 당연히 그렇게 해야 한다. 사단은 예수님이 자신을 위해 자신의 신적 권능을 사용하도록 그분을 유혹했다. 그러나 예수님은 자신의 권능을 다른 사람을 위해 사용하는 편을 택하셨다.

그분의 사역 동기는 하나님 아버지를 기쁘시게 하는 것이었다. "나는 항상 그의 기뻐하시는 일을 행하므로"(요 8:29). 심지어 예수님의 대적자들조차 그분이 아첨을 좇아 행하거나 대중들의 평판에 좌우되지 않으셨음을 깨달았다. 바리새인과 헤롯 당원들은 이렇게 말했다. "선생님이여 우리가 아노니 당신은 참되시고 진리로 하나님의 도를 가르치시며 아무라도 꺼리는 일이 없으시니 이는 사람을 외모로 보지 아니하심이니이다"(마 22:16). 비록 그들이 이렇게 말한 동기는 악했어도 그들이 한 말 자체는 옳다.

예수님은 회개한 죄인들에겐 관대하고 그들을 용서하셨다. 그러나 오만하고 위선적으로 행하는 자들에 대해서는 엄격하고 단호하셨다. 그분은 결코 회개한 죄인을 가리켜 '마귀의 자식'이라고 칭하지 않으셨다. 그러나 바리새인들을 가리켜서는 이 말을 사용하셨다(마 12:34; 요 8:44). 바리새인들이 죄인들을 배척한 데 반해 예수님이 죄인들을 가까이하신 것은 놀랄 일이 아니다(눅 15:1-2). 왜냐하면 예수님은 잃어버린 자를 찾으러 오신 목자시며(눅 15:3-7), 영적으로 병든 자를 치유하기 위해 방문하신 의사였기 때문이다(눅 5:27-32). 누가 그러한 친구에게 진실하게 반응하지 않겠는가?

예수님이 매일 체험하신 것을 본받으려 할 때, 우리는 바쁜 일정에 쫓기게 된다. 왜냐하면 예수님은 낮이고 밤이고 간에 자신에게 도움을 청하기 위해 온갖 종류의 문제를 갖고서 찾아온 각양 사람들을 대하셨기 때문이다. 사도들은 도움을 필요로 하는 이 사람들을 성가신 존재로 여겨 그들을 내쫓으려 했다. 그러나 예수님은 그들을 측은히 여기셔서 12사도를 책망하셨다. 그리고 자신을 찾아온 사람들을 진정으로 맞아주셨다(마 14:15; 15:23; 19:13-15). 예수님은 설교하는 도중에 자신을 찾아온 사람들로 인해 종종 설교하는 것을 방해당하셨다(눅 12:13). 식사하시거나 조용히 쉬는 것을 방해당하셨음은 더 말할 나위 없다(막 6:31-33). 그러나 하나님 아버지의 뜻을 행하는 것이 곧 그분의 영적 양식이었다. "나의 양식은 나를 보내신 이의 뜻을 행하며 그의 일을 온전히 이루는 이것이니라"(요 4:34).

많은 사역자들이 여전히 예수님이 종의 마음을 지니셨다는 놀라운 진리를 간과하고 있다. 그러면서도 어떻게 그들이 사복음서를 읽고 연구하며, 심지어 주님에 관한 교훈과 설교를 준비하기까지 하는지 의문스럽다. '그리스도를 전하면서' 종의 직분을 수행하지 않는 것은 하나님이 합쳐 놓은 것을 찢어발기는 짓이다. 증거하는 것과 행동하는 것은 불가분의 관계이다. 그러므로 하나님은 그 둘을 합쳐 놓으셨다. 예수님은 다른 사람을 섬기는 지도자이자 다른 사람을 지도하는 종이셨다. 그분은 하나님 아버지와 자기 백성을 위한 크신 사랑으로 지도력을 발휘하며, 종의 직분을 수행하셨다. 그분의 지도력과 종의 직분은 상충됨이 없이 서로 조화를 이루었던 것이다.

종의 태도를 보여주신 예수 그리스도에 관해 명상할 때, 당신은 바울이 빌립보서 2장 5-11절에서 한 말을 살펴볼 필요가 있다.

> 너희 안에 이 마음을 품으라 곧 그리스도 예수의 마음이니 그는 근본 하나님의 본체시나 하나님과 동등됨을 취할 것으로 여기지 아니

> 하시고 오히려 자기를 비어 종의 형체를 가지사 사람들과 같이 되셨고 사람의 모양으로 나타나사 자기를 낮추시고 죽기까지 복종하셨으니 곧 십자가에 죽으심이라 이러므로 하나님이 그를 지극히 높여 모든 이름 위에 뛰어난 이름을 주사 하늘에 있는 자들과 땅에 있는 자들과 땅 아래에 있는 자들로 모든 무릎을 예수의 이름에 꿇게 하시고 모든 입으로 예수 그리스도를 주라 시인하여 하나님 아버지께 영광을 돌리게 하셨느니라.

종의 직분은 예수님이 하늘에서 하나님과 함께 계시던 때에도 보이셨던 것과 같은 태도를 지님으로 비롯된다. 그런 자세는 "내 것은 내 것이야. 나는 내 것을 지킬 거야!"라거나 "네 것은 내 것이야. 나는 그걸 가질 거야!"라고 말하는 식의 태도가 아니다. 예수님은 그러시지 않고 "내 것이 곧 네 것이야. 이것을 네게 주마."라고 말씀하셨다. 수단 방법을 가리지 않고 권력과 승리를 쟁취한 자에게 열렬한 박수갈채를 보내는 사회에서는 이런 태도가 인기를 얻지 못할 것이다. 그러나 예수님이 보이신 것과 같은 태도는 하나님이 기뻐 받으시고 축복하시는 유일한 태도이다.

만일 예수님이 섬김을 위한 우리의 모델이라면 우리는 자신을 위해서가 아니라 남을 위해서 살게 될 것이다. 그리고 우리는 그 같은 일을 '예수님을 위해서' 행하게 될 것이다(고후 4:5). "각각 자기 일을 돌볼 뿐더러 또한 각각 다른 사람들의 일을 돌아보아 나의 기쁨을 충만케하라"(빌 2:4). 크리스천의 섬김에서 주요한 역설적 진리 중 하나는 다른 사람들을 돌아봄으로 우리 스스로가 성장한다는 사실이다. 다른 사람들의 짐을 대신 지는 가운데 우리는 자기 자신의 짐을 감당할 수 있는 새 힘을 얻게 된다. 다른 사람들과 더불어 우는 가운데 우리는 자신의 비전을 명확히 하고, 한군데로 초점을 맞추게 된다. 헨리 나우웬은 다음과 같이 말하였다. "모든 크리스천 지도자들은 시종일관 다른 사람을 위해 헌신하는 삶을 살아야 한다."[3]

물론, 우리는 목회 지도자로서 '최고 경영자들의 행동 방식'을 채택할 수 있다. 그리고 교인들에게 동정심을 보이지 않는 채, 그들과 어느 정도 거리를 유지할 수 있다. 그러나 그런 접근 방식은 예수 그리스도의 방식과는 전혀 다르다. 동정심은 희생을 요구한다. 그러나 완고한 심령은 더 큰 희생을 초래한다. 하나님은 목자가 양들을 사랑하지 않는 교회를 불쌍히 여겨 도우신다! 영적 지도자들이 교인들의 사적인 요구에 관심을 기울이지도, 위해서 시간을 내주지도 않는다면 어떻게 공적으로 그들을 지도할 수 있겠는가?

하나님의 말씀을 전하는 것은 매우 중요하다. 그러나 말로써 진리를 증거하는 것만으로는 충분하지 않다. 우리는 사랑으로 진리를 증거해야 한다(엡 4:15). 냉엄하고 무정한 사역자들은 결국 대부분의 성경 말씀이 자신과는 거리가 먼 것임을 발견하게 될 것이다. 왜냐하면 그들은 그 말씀을 이해하고 따를 수 있는 올바른 자세가 부족하기 때문이다. 선한 사마리아인 비유는 적절한 예가 된다. '다른 일'로 시간을 보내는 사역자들이 어떻게 교인들에게 선한 사마리아인을 본받고 다른 사람들을 돌아보라고 권면할 수 있겠는가? 선한 목자는 양을 위해 자신의 목숨을 내어준다. 그러나 삯군은 달아날 궁리만 한다.

예수님은 십자가에 못 박히셨다. 세련된 로마인들은 십자가를 입에

담지조차 않았다. 그만큼 십자가에 달려 처형당하는 것은 치욕스럽고 고통스러운 형벌이었다. 이것은 우리가 얘기하는 가스실이나 전기의자보다 더한 형벌이었다. 예수님은 그러한 십자가의 의미를 바꾸셨다. 물론 이제 우리도 예수님으로 말미암아 십자가를 자랑스럽게 여길 수 있다. 그러나 하나님의 종들이 악한 대적들의 무기력한 희생물처럼 보일 때가 있다(시 22편). 바로 그런 때에 우리는 "내가 그리스도와 함께 십자가에 못 박혔나니"(갈 2:20)라는 말의 심오한 의미를 깨닫게 된다.

십자가에 달려 죽는 것은 우리가 자신에게 강요할 수 없는 죽음의 한 형태이다. 다만 우리 모두가 할 수 있는 일은 하나님의 뜻에 따르는 것이다. 겟세마네 동산에서의 예수님처럼, 우리는 우리의 대적에게 넘기워진다. 그러나 우리는 "나의 원대로 마옵시고 아버지의 원대로 하옵소서"라고 기도하면서 하나님의 뜻에 복종한다. 하나님은 세상 만물을 주관하는 분이시다. 그러므로 우리가 그리스도의 고난에 참예할 때(빌 3:10), 하나님은 결단코 우리를 외면하지 않으신다. 바울은 이렇게 말했다. "우리가 항상 예수의 죽음을 몸에 짊어짐은 예수의 생명이 또한 우리 몸에 나타나게 하려 함이라"(고후 4:10). 씨앗이 결실을 맺으려면 반드시 땅에 떨어져 죽어야 한다(요 12:23-26).

예수님은 기도하셨다. 예수님은 하나님 아버지를 의지하셨다. 예수님은 하나님의 뜻을 행하는 것을 자신의 양식으로 삼으셨다. 예수님은 사람들을 불쌍히 여기시고 그들을 도와주려 애쓰셨다. 예수님은 다른 사람을 위해 친히 희생하셨다. 예수님은 그럴 만한 가치가 없는 세상 사람을 위해 죽으셨다. 이렇게 하지 않으면 인기를 얻을 수 있는지 없는지를 떠나서,

이것은 우리가 따라야 할 하나님의 종의 본보기이다.

그러나 예수 그리스도를 본받는 것은 단순한 모방 이상의 것들을 필요로 한다. 즉, 이것은 성육신(成肉身)을 요구한다. 우리는 자신의 힘만으론 예수님이 사신 것처럼 살 수 없고, 예수님이 섬긴 것처럼 섬길 수 없다. 그런데도 우리가 할 수 있다고 주장하는 것은 불경죄를 범하는 것과 꼭같다. 자신이 과업을 완수하기에 적합하다고 생각하는 사람은 자신이 얼마나 부적합한지를 고백하게 될 뿐이다. 그러나 성령의 능력을 통해 우리는 우리 주님의 인격과 행동을 투영할 수 있고, 다른 사람들을 불쌍히 여길 수 있다. 찰스 스펄전은 이렇게 말했다. "나는 그리스도를 위한 중대한 소욕(所欲)을 지니고 있다. 그리고 내게 필요한 것들을 위해 위대하신 그리스도를 모시고 있다."

사역자들은 자주 사복음서를 읽을 필요가 있다. 그리고 예수님이 어떻게 각기 다른 사람들과 특히 자신의 제자들을 '목양하셨는지' 주목할 필요가 있다. 우리는 '복음서에 나와있는 그리스도'에 심취해야 한다. 그래서 우리가 필요할 때마다, 성령께서 우리에게 그리스도의 본을 보여주시고 예수님이 행하신 일을 상기시켜 주실 수 있도록 해야 한다. 또한 우리는 '서신서에 나와있는 그리스도'에 몰두해야 한다. 그리고 예수님의 모본과 가르침이 어떤 식으로 초대 교회에 적용되었는지를 배워야 한다. 실상 '복음서에 나와있는 그리스도'가 곧 '서신서에 나와있는 그리스도'이시다. 양자 간에는 충돌이나 모순이 없다.

우리가 목회 서적을 읽거나 사역자 세미나에 참석할 때마다, 우리는 우리가 배운 모든 것을 "예수님은 어떻게 하셨을까?"라는 채로 걸러야 한다. 이 질문은 항상 쉽게 답할 수 있는 단순한 것이 아니다. 그러나 이것은 우리가 사역을 할 때 직면하는 문제들을 올바로 해결할 수 있게 해준다. 수세기 동안 성행하고 있는 비성경적인 종교 음악과 예술, 전통은 우리에게서 참된 그리스도를 빼앗아갈 수 있다. 그리고 그리스도께서 사람들을 목양했던 방법을 우리에게서 빼앗아갈 수 있다. 그리스도 외에는, 우리를 눈멀게 하는 진부한 개념들을 벗겨내기 위한 마땅한 대체물이 없다. 그러므로 우리는 성령께서 우리에게 참된 그리스도를 보여주실 수 있도록 해야 한다.[4]

한 가지 분명한 사실이 있다. 예수님은 사람들을 있는 그대로 받아들이셨으며, 진정으로 그들의 요구를 헤아리고 채워주셨다는 점이다. 예수님은 자신의 '이상적인 절차'에 따라 사람들을 교묘히 다루지 않으셨다. 왜냐하면 그분에겐 '이상적인 절차' 같은 것은 없으셨기 때문이다. 그분은 사역을 하면서 장사꾼처럼 행동하지 않으셨다. 그분은 죄인들의 요구에 가장 적합한 비유를 찾으셔서, 그러한 비유로써 말씀을 시작하셨다. 예수님은 우물가의 여인에게 생수에 관해 말씀하셨다. 니고데모와는 거듭남에 관해 얘기하셨다. 비판적인 바리새인들에게는 잃어버린 양과 병자를 치료하는 의사에 관해 말씀하셨다. 예수님의 목양 방식은 늘 새롭고 각 사람에게 도전을 주는 것이었다. 이는 곧 그분이 성령의 인도를 받으셨으며, 너무나 사람들을 사랑하시어 그들을 속이지 못하셨기 때문이다.[5]

그러나 우리 주님이 자신을 찾아온 모든 사람에게 항상 '성공적으로 사역'하신 것은 아니다. 예수님을 찾아왔던 부유한 젊은 관원은 근심하며 떠나갔다. 예수님에게 고침받은 10명의 문둥병자 중 9명은 예수님을 다시 찾아와 감사하지 않았다. 유다는 예수님을 배반하고 이후 목매달아 자살했다. 나사로가 죽었다가 다시 살아난 것을 목격한 사람들 중에는 예수님의 대적들에게로 달려가 그분이 행한 일을 보고한 자들이 있다. 예수님은 '생명의 떡' 에 관해 설교하신 후, 자신의 설교를 들은 무리들이 모두 떠나버린 것을 지켜보셨다. 예수님은 예루살렘에 대해 슬퍼하며 우셨다. 왜냐하면 하나님이 유대인들을 위해 하시기 원하는 일을 그들이 무시했기 때문이다. 인간적인 판단으로 말하자면 예수님은 실패한 듯이 보인다. 그러나 하나님의 시각에서 보면, 예수님이 하신 모든 일은 하나님 아버지를 기쁘시게 한 것이자 하나님의 뜻을 이루어드린 것이다. 실패자는 인간들이지 주님이 아니시다.

연약한 우리 인간은 실패할 때가 있다. 이따금 그러한 실패로 인해 우리는 매우 상심하기도 한다. 당회에서 우리는 자신의 최상의 의견이 묵살되는 경험을 하기도 한다. 심방 요청을 받았을 때, 우리는 하나님의 평안은 뒤에 남겨둔 채 집을 나서기도 한다. 분주하게 상담을 하고 난 후, 우리는 지치고 외관상으로는 아무것도 성취하지 못한 듯이 보여 낙심하기도 한다. 우리는 이러한 체험들을 어떻게 처리하고 계속해서 예수님의 본을 따르는가?

우리 주님은 늘 자신의 감정을 솔직히 표현하셨다. 주님은 서기관들의 완악한 심령에 대해 슬퍼하셨다(막 3:5). 그리고 예루살렘의 불신앙에 대해 흐느껴 우셨다(눅 19:41). 주님은 나사로의 무덤을 보시고 조용히 눈물을 흘리셨다(요 11:35). 그리고 자신의 제자들이 베다니의 마리아를 비판하자 불쾌감을 표하셨다(요 12:1-8). 주님은 사람들의 불신앙에 대해 이렇게 말씀하셨다. "믿음이 없고 패역한 세대여 내가 얼마나 너희와 함께 있으며 너희에게 참으리요"(눅 9:41).

우리가 '승리하고 있다'는 인상을 심어주기 위해 상심했거나 낙담한 것을 감추는 것은 좋지 않다. 동시에, 우리의 상처가 심한 데도 치유받기 위해 위대한 의사이신 주님께 나아오지 않고 고통스럽게 홀로 지내는 것은 더욱 해롭다. 우리는 좌절했을 때 솔직히 털어놓고, 겸허히 그 사실을 인정하며, 신앙인답게 그것을 주님께 내맡겨야 한다. 그리고서 헌신적으로 우리가 맡은 일을 계속 감당해나가야 한다. 페넬론(Fenelon)은 이런 말을 했다. "우리는 하나님께 의지하는 모든 것을 하나님께 내맡겨야 한다. 그리고 우리 자신에게 의지하고 있는 모든 것에 대해 솔직해지려고 생각해야 한다."

우리가 자신의 감정과 문제거리, 실패 등을 '진실한 동역자'(빌 4:3)에게 털어놓을 수 있다는 것은 좋은 일이다. 여기서 말하는 진실한 동역자란 인내심을 갖고서 얘기를 들어주며, 사태를 명확히 헤아리고, 신중하게 조언해줄 수 있는 사람을 가리킨다. 우리는 너무 힘들고 과중한 책무로 인해 쓰러질 것 같고, 그러면서도 제대로 인정받지 못할 때가 많다. "철이 철을 날카롭게 하는 것같이 사람이 그의 친구의 얼굴을 빛나게 하느니라"(잠 27:17). 아이언사이드(H. A. Ironside)는 "속세를 떠나 있는 사람은 항상 한쪽 면만을 바라보는 사람이다"라고 말했다.[6] 우리는 사회 공동체를 이루며 살고 있다. 하나님은 결코 우리가 자신의 짐을 홀로 지는 것을 원치 않으신다.

하나님은 우리의 자부심을 살리기 위해서가 아니라 자신의 이름을 영화롭게 하기 위해, 패배를 승리로 바꾸어주신다. 인간의 기준으로 볼 때, 우리가 닮으려고 하는 예수님은 실패자이시다. 그럼에도 불구하고 자신의 지상 사역을 마무리지으실 때, 예수님은 하나님 아버지께 다음과 같이 말씀하실 수 있으셨다. "아버지께서 내게 하라고 주신 일을 내가 이루어 아버지를 이 세상에서 영화롭게 하였사오니"(요 17:4).

우리가 무엇보다도 본받기 원하는 것은 바로 이것이다.

C.h.e.c.k P.o.i.n.t

바울은 교인들 가운데 그리스도의 형상이 이루어지기까지 '해산하는 수고'를 했다(갈 4:19). 우리도 우리 속에 그리스도의 형상이 이루어지기까지 해산하는 수고를 감당해야 하지 않겠는가?

# 결론
# 두 편의 공개 편지

사랑하는 로저 목사님께

비록 교회의 상황에 관해 듣게 되어 유감스럽긴 하지만, 당신의 전화와 편지에 감사드립니다. 그러나 낙심치 마십시오! 아직은 늦지 않습니다. 당신은 교인들이 한 마음이 될 수 있게 하는 새로운 방법을 찾아냄으로 모두가 즐거이 주님을 섬기게 할 수 있습니다. 기억하시겠지만 나는 8년 전에 동일한 일을 겪었습니다. 그러므로 내 경험을 함께 나누고자 합니다.

내가 무언가 잘못되어 가고 있다고 느낀 것은 우리의 청장년 교인들 중 일부가 "교회에 문제를 야기하고 있다"는 소식을 듣고 나서부터였습니다. 이 일로 인해 나는 정말로 낙심했습니다. 나는 성급하게도 저들이 잘못을 범하고 있으니 심방을 해야겠다고 판단했습니다. 그러나 내가 그들을 심방하기 전에 그들이 먼저 나를 방문해왔습니다. 내 노트에 의하면, 그때 나눈 대화는 다음과 같습니다.

그레그 : 목사님, 우리는 목사님을 상심시키고 싶지 않아요. 그러나 우리는 우리 교회에서 무언가 일이 잘못되어가고 있다고 느껴요. 몇몇 젊은 교인들이 이 문제에 관해 얘기하며 기도하고 있습니다. 우리는 다른 교회들을 방문해 그들은 어떻게 하고 있는지를 지켜봤어요.

나 : 그래요, 어디서든 언제나 개선해야 할 여지가 있는 법이지요. 무엇을 원하십니까?

두 안 : 잘 모르겠어요. 사실은 이게 진짜 문젯거리예요.

나 : 그러면 여러분이 찾으려고 하는 것을 찾았을 때, 어떻게 찾았다는 사실을 알 수 있지요?

그레그 : 목사님, 우리는 우리 얘기가 미친 소리처럼 들릴 거라는 사실을 압니다. 그러나 우리가 문젯거리를 발견하기만 하면, 우리는 그 사실을 분명히 알 수 있을 거예요. 우리 내면에 잠재해있는 무언가가 우리에게 말해줄 거니까요.

나 : 그것 참 위험한 말 아닌가요? 여러분이 의사에게 찾아가보기로 결심했다면 이런 식의 말은 하지 않았을 거예요(나의 이같은 '논리적인 접근 방식'은 문제의 핵심을 파악하지 못했습니다. 나는 너무나 자기 방어적이었습니다. 나는 그들의 말을 경청할 필요가 있었습니다).

두 안 : 목사님, 우리는 계속 성경을 보며 기도하고 있어요. 만일 무슨 일이 있다면 우리는 더욱더 열심히 성경을 보며 기도할 거예요. 그러나 청장년 교인들 중에는 불행히도 서로 잘 어울리지 못하는 사람들이 있어요. 우리는 그런 일이 일어나는 것을 원치 않아요.

나 : 그렇다면 이렇게 합시다. 저녁에 모두 함께 모여 커피와 파이를 들면서 그 문제에 관해 논의해봅시다. 저는 여러분의 얘기를 듣고 문제를 파악하겠습니다. 그리고 문제점을 장로들과 상의하겠다고 약속드리겠습니다. 여러분과 여러분의 자녀들 모두가 주님을 예배하며 기쁘게 그분을 섬길 수 있는 교회로 만들어 봅시다.

두 안 : 목사님, 우리가 교회를 급속도로 개혁하려 하는 것이 아님을 진심으로 이해해주셨으면 해요. 우리는 교인들 중에 저희와 다른 견해를 갖고 있는 분들이 있음을 알아요. 우리는 교회에 분란을 일으키는 것을 원치 않아요.

나 : 두안, 당신이 사랑 가운데 진리를 얘기하고 교회가 보다 효과적으로 하나님의 말씀 안에서 사역할 수 있도록 진실되게 노력하면, 분란은 일어나지 않을 거예요. 자, 이제 모두 모일 날짜를 정합시다.

우리는 모여서 얘기하고 기도했으며 이후 다시 모였습니다. 주님은 점차 내게 실상을 깨우쳐주셨습니다. 그동안 나는 진정으로 교회의 청장년 교인들과 보조를 맞추려 하지 않았던 것입니다. 당신은 한 교회에서 20년 이상 사역하고 있습니다. 따라서 현상을 유지하며 편히 지내려 하기 쉽습니다. 나도 그랬으니까 말입니다. 로저, 당신도 알다시피 우리 교회의 장로들은 장차 전임 목사가 될 수 있는 젊은 부목사를 세웠습니다. 그와 나는 함께 연로한 교인들을 소외시키지 않으면서도 청장년 교인들에게 유익한 프로그램을 개발하고 실천하려 노력했습니다. 이 일은 쉽지 않았습니다. 마크 목사와 나는 자주 기도했습니다. 중도에 포기하고 싶은 적이 한두 번이 아니었습니다. 그러나 하나님의 은혜로 결국 해내었습니다! 그 이후의 이야기는 당신이 알고 있을 것입니다.

그래서 나는 당신에게 다음과 같은 조언을 해주고 싶습니다.

1. 교인들과 잘 어울리지 못하는 사람들에게 관심을 기울이십시오. 그리고 겸허하게 그들의 말을 경청하십시오. 만일 그들의 생각이 옳다면, 그들은 당신이 보다 더 자신과 교회를 이해할 수 있도록 도와줄 것입니다. "사랑은 결코 실패하지 않습니다."
2. 당신 자신이 다른 사람들과 조화를 이루어야 한다는 사실을 시인하십시오. 젊은 교인들은 과거를 직시할 필요가 있습니다. 그러나 당신과 나는 현실을 직시할 필요가 있습니다. 솔직하십시오.
3. 항상 교회 지도자들에게 사실을 얘기하고 그들과 협력하십시오. 교인들 중 어느 한 세대에만 편중하는 사역을 해서는 안 됩니다. 우리는 각자 서로에게 속해있고 서로를 필요로 합니다.
4. 모두 함께 기도하십시오! 당신 스스로 주님의 뜻을 분별하는 시간을 가지십시오. 교인들로 인해 압박받지 마십시오. 그러나 교인들의 요청에 더디게 응답하지는 마십시오.
5. 일단 하나님이 당신에게 원하시는 일이 무엇인지 알았으면 그것을 행하십시오. 많은 교인들이 교회를 떠나겠다고 엄포를 놓거나 많은 예언

자들이 실패를 예언할지라도 걱정하지 마십시오. 우리는 모든 사람을 기쁘게할 수 없으며 그렇게 해서도 안 됩니다. 그러나 로마서 12장 18절은 우리가 항상 유념해야 할 성경 말씀입니다. 어떤 상황에서든 늘 그 말씀을 기억하십시오.

현실에 안주하고 변화를 꾀하지 않는 교회는 분명히 쇠퇴할 것입니다. 그러나 급속한 변혁을 꾀하는 교회는 조만간에 자충수를 겪게 될 것입니다. 양자 간에 조화를 이루는 것이 복된 일입니다! 연로한 교인과 청장년 교인들이 서로를 돌아보며 기도로써 사역자를 도울 때에 하나님의 뜻이 성취될 것입니다. 지금까지 제가 드린 말씀들을 간과치 마십시오!

우리는 당신과 교회를 위해 계속 기도하겠습니다. 연락주십시오.

당신의 친구, 워렌

### 사랑하는 허브 목사님께

어제 만나서 '교회의 상황'에 관한 저의 염려를 털어놓을 수 있었던 데 대해 감사드립니다. 목사님 같은 '노련한' 종에 관해 얘기할 수 있었던 것은 제게 참으로 도움이 되었습니다. 목사님이 지금까지 터득해온 지혜를 들려주셔서 더욱 그러합니다. 이야기가 심각한 것이었음에도 불구하고 당신의 유머 감각 덕분에 웃으면서 얘기를 나눌 수 있었습니다. 다른 목사들도 곤란하고 어려운 순간을 겪기 마련이라는 사실에 저는 용기를 얻었습니다.

차를 몰고 집으로 돌아오는 중에, 목사님의 교인들이 제가 섬기고 있는 교인들보다 신앙 연륜이 더 오래되었다는 사실이 문득 떠올랐습니다. 저는 어디선가(그 자료가 얼마나 정확한 것인지는 모르겠지만) 목사의 평균 재임 기간이 교회가 설립된 때로부터 약 절반 정도의 기간에 해당한다는 통계를 보았습니다. 덕분에 저는 당신에게 일어나지 않는 일이 왜 제게는 일어났는지를 이해했습니다.

우리는 음악이 잘못 사용하면 터질 수 있는 뇌관과 같은 것임을 알고 있습니다. 60세가 넘은 교인들은 오직 옛날 찬송만을 좋아합니다. 따라서 합창곡을 사용하려면 우리는 50년대의 곡을 사용해야 할 것입니다. 그러나 젊은 세대는 나보다 더 리듬이 경쾌하고 곡조가 계속 반복되는 비트 형태의 CCM을 좋아합니다. 저와 우리 교회의 예배 인도자는 예배 순서시, 두 스타일을 섞어 조화를 꾀하고 있습니다. 저는 두 세대 중 어느쪽도 완전히 만족스러워하지 않는다는 사실을 압니다. 그러나 우리는 양쪽 다 상대편에게 배울 필요가 있다고 믿습니다.

목사님이 하신 말씀 중 한 가지는 특히 제가 미처 생각하지 못한 점을 일깨워주었습니다. "만일 나이 든 신자들이 오늘날의 젊은 세대와 행복하게 지내지 못한다면, 누가 그들에게 오늘날의 젊은이들을 가르치게 하겠는가?" 당신이 목회하고 있는 교회에서는 대부분의 직분자들이 교인들 가운데서 성장했으며, '외부인' 이 어떤 것인지를 알지 못합니다. 그러나 저는 우리 교인들을 살펴보고, 대부분의 직분자들이 자신의 당대에 예수를 믿게 된 분들임을 알았습니다. 그들은 성경을 가르쳐주고 따라야 할 영성(靈性)의 본보기를 제시해주는 교회에서 성장하는 유익을 누리지 못한 분들입니다. 당신이 교인들로부터 종종 듣는 불평은 "이것은 사용할 만한 방법이 못 됩니다!"라는 것입니다. 우리 교회에서 누군가가 그런 말을 하면 저는 그 말을 칭찬으로 여깁니다. 우리 모두는 함께 성장하고 있습니다.

목사님이 시편 78장 3-4절을 가리키면서 제게 각 세대는 '믿음의 횃불을 전해야' 한다고 일깨워주신 데 대해 감사드립니다. 그러나 우리 교인들은 다들 바쁩니다. 따라서 참된 신앙과 말씀의 진리를 자라나는 세대에 전수할 기회를 내기 어렵습니다. 그러나 우리는 '성장하는 그룹'의 행동방식이 효과적인 것임을 깨닫습니다. 그리고 하나님이 우리에게 교육을 중요시여기는 새 세대의 지도자들을 보내주신다는 사실도 깨닫습니다. 그러나 우리가 프로그램이나 방법 면에서 어떠한 변화를 시도할지라도, 모든 일에 하나님의 말씀이 중심이 되어야 한다는 당신의 말에 동의합니다.

목사님의 교회에서 예배드릴 때마다, 저는 항상 교인들이 목사를 존중하고 있음을 느낍니다. 그리고 예배드릴 때에 소음이 들리거나 주의가 산만해지지 않을까 하여 당신이 세심하게 신경을 쓰고 있음도 감지합니다. 우리 교회에서는, 교인들이 농구 시합을 보러 체육관에 당도한 관중들보다 더 심하게 행동합니다. 그리고 저는 그들을 존중하면서 가르치려고 최선을 다합니다. 만일 제가 그들을 존중하지 않으면 문제가 심각해집니다. 왜냐하면 오늘날의 사회에서는 서로 대접받고자 하는 풍조가 지배적이고 우리 교인들은 하나님을 경외할 줄 모르기 때문입니다. 저와 같은 세대는 텔레비전을 보며 자랐고 오디오 문화에 익숙해있습니다. 그러나 당신의 세대는 라디오를 벗하고, 상대방의 말을 경청하며, 조용히 할 줄 아는 법을 배우고, 무한한 상상의 나래를 펴면서 성장했습니다.

그렇습니다. 교회에서의 복장 예절도 변했습니다. 저는 주일학교에 다니던 때부터 코트를 입고 넥타이를 착용했습니다. 그러나 제 아들은 저의 예를 따르지 않습니다(이로 인해 주일 아침은 항상 편안하고 자유롭습니다). 저는 엄격한 신학 규범처럼, 정장 차림을 고집하지는 않습니다. 물론 저는 주일학교 학생들이 아예 교회에 오지 않는 것보다 진과 티셔츠를 입고서라도 교회에 오는 편을 더 좋아합니다. 오늘날에는 여자들이 헐렁한 바지를 입고 교회에 오는 것이 보편화되었습니다. "사람은 외모를 보거니와 나 여호와는 중심을 보느니라"(삼상 16:7).

이제 말을 줄이겠습니다. 허브, 당신은 제게 사역의 동태(動態)는 늘 변한다는 사실을 가르쳐주었습니다. 그러나 변해서는 안 되는 것들이 있습니다. 목사로서 우리는 개혁주의적인 성향과 보수주의적인 성향이 서로 조화를 이루게 해야 합니다. 물론 이 일은 쉽지 않습니다. 특히 제게 더욱 더 필요한 것은 분별력입니다. "범사에 헤아려 좋은 것을 취하고"(살전 5:21).

저는 목사님이 변화에 유연하게 대처하는 점을 높이 평가합니다. 제가 아는 몇몇 원로 목사님들은 오늘날의 교회가 옛날과는 많이 다르다고 말씀하십니다. 그분들은 '좋았던 옛 시절' 을 동경하곤 합니다. 그러나 당신은 그분들과 다릅니다. 사실, 당신은 제가 미처 깨닫지 못한 책임을 지니고 있음을 제("젊은 녀석")게 말씀해준 분이십니다. 이에 감사드립니다!

목사님, 당신은 훌륭한 지도자이십니다. 당신에게서 많은 것을 배우고 당신을 잘 알게되어 기쁩니다. 하나님의 은혜와 평강이 목사님의 삶과 사역에 늘 함께하시길 바랍니다!

당신의 친구, 데이브

| 주 |

## 1장 사역의 기초는 인격이다

1. 직장인들은 투철한 직업 의식을 지녀야 하며 필요할 경우에는 훈련이 요구된다. 그러나 교회는 직장인들처럼 항상 본연의 일을 처리하는 데 투철한 것 같지는 않다. 따라서 우리는 본연의 일에 보다 충실해야 한다.
2. Batsell Barrett Baxter, The Heart of the Yale Lectures(Grand Rapid: Baker Book House, 1971), 30-31.
3. Phillips Brooks, Lectures on Preaching(Grand Rapid: Baker Book House, repr. 1969), 9. 브룩스는 예일 신학교에서 남자들로만 구성된 학급을 가르쳤다. 그래서 그는 '남자'와 '남자들'이란 말을 자주 사용했다. 따라서 오늘날 우리는 그 말을 대개 사람을 뜻하는 말로 이해해야 할 것이다. 설교를 가리켜 '인성(人性)을 통한 진리의 교통(交通)'이라고 한 그의 유명한 정의는, 그가 인성(인격)을 강조했다는 점에 입각해 이해해야 한다. 그러지 않고서는 그 의미를 제대로 이해할 수 없다.
4. Phillips Brooks, Sermons(London: Richard D. Dickinson, 1879), 66.
5. Andrew A. Bonar, Memoirs and Remains of Robert Murray M'Cheyne(London: Banner of Truth Trust, 1966), 282.
6. The Integrity Crisis, Warren W. Wiersbe(Nashville: Oliver/Nelson, 1988)을 참조하라.
7. Ralph G. Turnbull, A Minister's Obstacles(New York: Fleming H. Revell, 1946), 23. 베이커 하우스 출판사는 1972년에 이 책의 개정판을 재발행했다. 그리고 1979년에 다른 한 권인 「사역자의 기회(A Minister's Opportunities)」를 더 발행했다. 이 두 권의 책은 모든 목사들이 자신의 서가

에 꽂아두고서 자주 읽어야 할 것이다.

8. 갈라디아서 6장 1절은 갑자기 실족하여 범죄할 수 있는 가능성에 관해 가르쳐 준다. 그러나 그런 때에 죄인들은 다른 사람이 아닌 자기 자신을 나무라야 한다. 물론 갑작스런 범죄는 수많은 습관적인 죄악처럼 가증스러운 것은 아니다. 그러나 죄인은 그런 죄에 대해서도 책임을 져야 한다. 고의적이고 습관적인 죄를 범하는 자는 하나님께로서 난 자가 아니라는 증거이다(요일 3:4-10). 우리는 언제든지 범죄할 가능성이 있다. 그러나 우리는 죄의 소욕(所欲)을 이길 수 있다.
9. 경건한 교인들은 부도덕한 사역자가 성공적으로 회복한 경우에라도, 그가 다시금 교회를 맡아 사역하게 허락하기를 꺼릴 것이다. 한편, 우리는 자신이 충분한 영성(靈性)을 지니고 있다고 자만해서는 안 된다. 일부 성도들은 갑자기 실족하여 부도덕한 행위를 한 사역자(갈 6:1)와 반복해서 범죄하는 사역자를 구분할 줄 안다. 범죄한 사람이 개인적으로 영적 회복을 하는 과정은 다양하다. 그러므로 각 상황을 개별적으로 고려해야 한다. 그 사람이 교회에서 권위를 행사하기 어려울 정도로 능력을 상실했는가? 사역의 터전이 유혹의 터전으로 변하지는 않겠는가? 회복된 종은 지도력보다는 권위를 행사하며 사역하려 들지는 않는가? 크리스천의 연단 과정에는 크리스천의 사랑을 가장한 천박한 감정이 자리할 곳은 없다. 참된 회개는 대가가 비싼 것이고 진정한 용서는 값싼 것이 아니다. "그러나 사유하심이 주께 있음은 주를 경외하게 하심이니이다"(시 130:4). 그러나 우리는 성경에 따라 우리에게 주어진 것이 아닌 권위를 지니고 있는 것처럼 가장하는 극단적인 태도를 취하지 않기를 원한다. 다윗 역시 우리와 동일한 태도를 취했음이 다음과 같은 그의 말에서 잘 드러난다. "여호와께서는 긍휼이 심히 크시니 내가 그의 손에 빠지고 사람의 손에 빠지지 아니하기를 원하나이다"(대상 21:13). 연단받을 때에 우리는 긍휼과 진리가 함께 만나서 의와 화평이 서로 입 맞추게 된다는 사실을 깨달아야 한다(시 85:10).

## 2장 사역의 본질은 섬김이다

1. 사역은 어떤 것인지, 종인 지도자는 무엇을 의미하는지를 논하기 위해서는 다음 책을 참조하라. On Being A Servant of God by Warren W. Wiersbe(Nashville: Oliver/Nelson Publishers, 1993).
2. Thomas C. Oden, Classical Pastoral Care, vol. 1(Grand Rapids: Baker Book House, 1994), 12.에 인용되어 있음. 인용문은 To The Shepherd by John Climacus에서 따온 것임.
3. John R. W. Stott, The Preacher's Portrait(Grand Rapids: Eerdmans, 1961), 101.
4. Dr. and Mrs. Howard Taylor, The Biography of James Hudson Taylor(London: China Inland Mission, 1965), 316.
5. 같은 책, 245.
6. John Wesley, The Works of John Wesley, vol. 2(Grand Rapids: Zondervan, n.d.), 420.
7. 우리가 "말씀의 순전한 젖을 사모해야 한다"고 한 베드로의 충고는 고린도전서 3장 1-3절이나 히브리서 5장 12-14절과 상충되지 않는다. 그는 음식물이 아니라 욕구를 강조한 것이다. 그는 우리에게 하나님의 진리에 대한 소욕을 상실해서는 안 된다고 충고했다. 건강한 아기는 거의 물릴 줄 모르는 식욕을 보인다. 마찬가지로 하나님의 자녀들은 하나님의 말씀을 갈구해야 한다.
8. William Purcell, Onward Christian Soldier(London: Longmans, Green and Co., 1957), 2.
9. Wayne A. Meeks, The First Urban Christians(New Haven: Yale University Press, 1983), 11.
10. 고대에 '목자'라는 말은 왕, 왕자, 제사장을 포함한 공적 지도자의 자리에 있는 사람을 가리켰다. 그러나 우리가 이 단어를 지역 교회의 목사에게 적용할

지라도 성경적 용례를 거스른 것이 아니다.

11. 규모가 큰 모든 교회는 실상 규모가 작은 교회들의 집합체이다. 만일 영적 지도자들이 교인들에게 관심을 갖지 않는다면, 목사들은 점차 교인들의 요구 사항을 멀리하게 된다. 그리고 교인들을 제대로 목양하지 못하게 된다. 크리스천들은 서로에게 속해 있으며 서로를 필요로 한다. 따라서 우리는 서로를 섬기는 것을 특권으로 여겨야 한다.

### 3장 사역의 동기는 사랑이다

1. William Jewett Tucker, The Making and Unmaking of the Preacher(Boston: Houghton Mifflin, 1898), 163.
2. John Newton, Voice of the Heart(Chicago: Moody Press, 1950), 288.
3. Charles H. Spurgeon, Metropolitan Tabernacle Pulpit, vol. 24, 249.
4. 같은 책.
5. Warren W. Wiersbe, On Being a Servant of God(Nashville: Thomas Nelson, 1993), 3.
6. '목자'라는 명칭은 당시 주로 정치 지도자들, 특히 왕과 관리들을 가리켰다. 그러나 이스라엘에서는 타락한 제사장들과 거짓 선지자들이 하나님의 양들을 착취하는 죄악을 범했다. "이 땅에 무섭고 놀라운 일이 있도다 선지자들은 거짓을 예언하며 제사장들은 자기 권력으로 다스리며 내 백성은 그것을 좋게 여기니 마지막에는 너희가 어찌하려느냐"(렘 5:30-31).
7. Phillips Brooks, The Influence of Jesus(London: H. R. Allenson, n.d.), 191.

## 4장 사역의 척도는 희생이다

1. John Henry Jowett, The Preacher: His Life and Work(New York: Harper and Brothers, 1912), 114. 이것은 「Yale Lectures on Preaching」 시리즈의 명저 중 하나다.
2. Henri J. M. Nouwen, The Wounded Healer(Garden City, N. Y.: Doubleday and Company, 1979), xv-xvi.
3. James Boswell, The Life of Samuel Johnson, vol. 2(London: J. M. Dent, "Everyman's Library" edition, 1973), 218.
4. G. Campbell Morgan, The Westminster Pulpit, vol. 8(London: Pickering and Inglis), 283.
5. 본절에서 '온전하게 하다'로 번역된 헬라어는 마가복음 1장 19절에서는 '그물을 깁다'로 번역되어 있다.

## 5장 사역의 권위는 복종이다

1. 요한삼서 1장 9-11절과 사도행전 20장 30절을 참조하라.
2. 최근의 세속적인 경영 기법에 관한 일부 서적들은 성공적인 경영인은 사람들에게 성실한 자세를 보이며 종의 마음을 지니고 있어야 한다는 주장을 펴고 있다. 그러나 그 책들은 '크리스천의 미덕'인 성실함과 섬김을 동일한 것으로 간주하지 않는다.
3. 「Humility: The Beauty of Holiness by Andrew Murray(New York: Fleming H. Revell)」을 참조하라. 겸손한 태도는 많은 사람들로부터 실제 이상의 인정을 받을 만한 가치가 있는 것이다.

## 6장 사역의 목적은 하나님의 영광이다

1. Ralph Turnbull, A Minister's Obstacles(New York: Fleming H. Revell, 1946), 45.에 인용되어 있음.
2. Bramwell Booth, Echoes and Memories(New York: George H. Doran Company, 1925), 34.
3. Brooks, 같은 책, 106-107.

## 7장 사역의 도구는 하나님의 말씀과 기도다

1. 이런 사실은 출애굽기 17장 8절부터 16절까지에서 잘 나타나있다. 이스라엘이 아말렉과 싸울 때, 산에 있던 모세는 자신의 두 손을 하늘을 향해 펴들었다. 이것은 중보 기도를 의미한다. 그리고 여호수아는 계곡에서 싸웠다. 이것은 '성령의 검' (엡 6:17; 히 4:12)인 하나님의 말씀의 능력을 보여준다. 이스라엘이 승리를 거두기 위해서는 이 두 가지가 모두 필요했다.
2. Charles Haddon Spurgeon, Lectures to My Students(London: Marshall, Morgan and Scott, 1965), 43.
3. '영적 전투' 를 수행해야 할 사람들 중 일부가 성경을 저버리고 자기 자신의 힘만을 의지한다고 해서, 크리스천의 삶에 있어서 가장 중요한 요소인 하나님의 능력을 저버려서는 안 된다. 에베소서 6장은 신자들의 영적 싸움에 관해 언급하고 있다. 이에 관해서는 다음 책들을 참조하라. Released from Bondage by Neil T. Anderson(Here's Life Publishers, 1991); Winning the Invisible War by E. M. Bounds(Whitaker House, 1984); Kingdoms At War, by Bill Bright and Ron Jenson(Here's Life Publishers, 1986); Overcoming the Adversary, by Mark Bubeck(Moody Press, 1984); I

Believe in Satan's Downfall, by Michael Green(Eerdmans, 1981); Spiritual Warfare, by Timothy Warner(Crossway, 1991); The Strategy of Satan, by Warren Wiersbe(Tyndale, 1979).

4. 느헤미야서에는 12번의 기도가 나와있다. 1:5-10; 2:4; 4:4, 9; 5:19; 6:9, 14; 9:5-37; 13:14, 22, 29, 31.
5. G. F. Barbour, The Life of Alexander Whyte, D. D.(London: Hodder and Stoughton, 1923), 297.

## 8장 사역의 특권은 성장이다

1. 고린도후서 2장 16절; 3장 5-6절을 참조하라.
2. Thomas Merton, New Seeds of Contemplation(New York: New Directions Books, 1961), 194-95.
3. Arthur John Gossip, In Christ's Stead(London: Hodder and Stoughton, 1925), 114. 최근의 보고서는 목사들의 평균 연령이 46세이며, 현재까지의 사역 기간이 18년이라고 보고하고 있다. 그러나 평균 목회 기간은 각 교회에서 7년간 재임하던 것에서 5년 이하로 단축되고 있다. 설문에 응한 목사들 중 10퍼센트는 한 번도 교회를 옮기지 않았었다. 그리고 20퍼센트는 5번에서 7번 정도 교회를 옮겼으며, 10퍼센트는 8번 이상을 옮긴 것으로 조사되었다. 나머지 60퍼센트는 2번에서 4번 정도 옮겼다. 그들 중 단지 18퍼센트만이 해결되지 못한 분쟁이나 교회 내의 압력 때문에 교회를 옮긴 것으로 나와있다(Your Church, May/June 1995[vol. 41, no. 3], 56.).
4. Chales H. Spurgeon, Lectures to My Students(London: Marshall, Morgan and Scott, 1965), 205.
5. 성경을 묵상하며 기도한다고 해서 사역할 때에 짊어지게 되는 특별한 짐과 어

려움들이 최소화되는 것은 아니다. 그러나 모든 직업에는 '직업상의 위험' 이 따르기 마련이다. 목사는 단순히 교인들이 24시간 내내 봉사하지 않는다고 해서 쉬운 삶을 사는 것은 아님을 잘 알 것이다. 교인들은 목사와 마찬가지로 자신의 싸움을 싸우며 자신의 짐을 지고 있다. 따라서 목사는 교인들을 진정으로 위해야 한다. 목사는 교회의 각 기관에서 교인들과 함께 지내다보면 자주 이 사실을 깨닫게 된다.

### 9장 사역의 원동력은 성령이다

1. 성령의 위격(位格)과 사역에 관한 책들은 많이 나와있다. A. W. Tozer's The Divine Conquest(Revell, 1950)는 John R. W. Stotts's The Baptism and Fullness of the Holy Spirit(Inter Varsity Press, 1964)와 마찬가지로 불후의 명저이다. 이 외에도 다음 책들을 참조하라. Keep in Step with the Spirit by J. I. Packer(Revell, 1984); The Divine Comforter by J. Dwight Pentecost(Revell, 1963); The Spirit of God, by G. Campbell Morgan(Revell, 1953; Baker repr., 1981); The Person and Work of the Holy Spirit, by Rene Pache(Moody Press, 1954); The Mystery of the Holy Spirit by R. C. Sproul(Tyndale, 1990); The Spirit of Christ, by Andrew Murray(Christian Literature Crusade, 1964).
2. William R. Moody, The Life of Dwight L. Moody(New York: Fleming H. Revell, 1900), 49. 무디의 성령관에 관해서는 다음 책을 참조하라. chapter 7 of Stanley N. Gundry's Love Them In: The Proclamation Theology of D. L. Moody(Chicago: Moody Press, 1976).
3. Lessons from the Life of Moody, by George Sweeting and Donald Sweeting(Chicago: Moody Press, 1989), 91.에 인용되어 있음.

4. A. W. W. Dale, The Life of R. W. Dale of Birmingham(London: Hodder and Stoughton, 1902), 318.
5. 유대인들의 초막절에 하신 예수님의 이 말씀은 유대인들에게 구약 시대 당시, 광야에서 조상들이 겪은 체험을 상기시켜 주었을 것이다. 아마 이때 예수님은 반석에서 나는 물을 언급하셨을 것이다. 그리고 '그 배에서' 란 말은 신자가 아닌, 반석으로 상징된 메시아를 가리킬 것이다. 예수님은 사람들에게 성령을 주시겠다고 약속하셨다. 그러나 예수님은 이를 위해 고난당하시고 죽으셔야만 했다. 생수는 그분에게서 흘러나오는 것이지 우리에게서 흘러나오는 것이 아니다.
6. John A. Broadus, On The Preparation and Delivery of Sermons(New York: A. C. Armstrong, 1897), 504.
7. D. Martyn Lloyd-Jones, Preaching and Preachers(London: Hodder and Stoughton, 1971), 305. 누구든지 로이드 존스 박사의 세례관에 동의할 필요는 없다. 그가 이 책에서 강조하고 있는 것은 다만 성령 충만의 축복일 뿐이다.
8. 같은 책, 304.
9. Charles H. Spurgeon, Lectures to My Students(London: Marshall, Morgan and Scott, 1965), 186-87.

### 10장 사역의 모델은 예수 그리스도시다

1. 이 주제에 관한 고전적 저서는 The Training of the Twelve by A. B. Bruce 이다. 그러나 다음 책들도 참조하라. The Walk, Character, and Conversation of Jesus Christ Our Lord by Alexander Whyte(Grand Rapids: Baker Book House, 1975); The Mind of the Master by Ian

MacLaren [John Watson](New York: George H. Doran, 1896); The Jesus Model by David L. McKenna(Waco: Word Books, 1977); Master Discipleship, by Don Hawkins(Grand Rapids: Kregel, 1996); Imago Christi: The Example of Jesus Christ by James Stalker(New York: A. C. Armstrong, 1890). Teaching as Jesus Taught by Roy B. Zuck(Grand Rapids: Baker Book House, 1995)은 예수님이 군중, '자신을 찾는 자들', 자신의 대적자들, 질문자들 그리고 자신의 제자들을 어떻게 대하셨는지에 관한 유익한 정보를 많이 담고있다.

2. Thomas a Kempis, Of The Imitation of Christ(London: Oxford University Press, 1949), 1. 이것은 'The World's Classics' 판이다. 이 고전을 가장 잘 번역한 현대 역서 중 하나는 William C. Creasy가 번역하였고 Ave Maria Press, Notre Dame, Indiana(1989)에서 발행한 것이다. 「Of The Imitation of Christ」는 모든 사역자들이 정기적으로 필독해야 할 저서이다.
3. Henri J. M. Nouwen, The Wounded Healer(Garden City, N. Y.: Doubleday "Image Book", 1979), 72. 당신은 이 책에서 도전과 교훈을 받게 되는 저자의 신학 사상을 반드시 받아들여야 할 필요가 없다.
4. Philip Yancey의 불후의 명작인 「The Jesus I Never Knew」(Grand Rapids: Zondervan, 1995)을 참조하라.
5. The Great Physician(New York: Fleming H. rEVELL, 1937)에서 G. Campbell Morgan은 예수님이 50여 명이나 되는 각기 다른 사람들의 필요를 채워주신 성경 기록에 관한 연구를 제시하고 있다.
6. H. A. Ironside, Notes On Proverbs(Neptune, N. J.: Loizeaux Brothers, 1975), 388

건강한 사역자입니까?

**1쇄 인쇄** / 1998년 7월 10일
**개정판 2쇄 발행** / 2016년 3월 14일

**지은이** / 워렌 위어스비 & 데이빗 위어스비
**옮긴이** / 김모루
**펴낸이** / 고종율

**펴낸곳** / 주)도서출판 디모데 <파이디온선교회 출판 사역 기관>
**등록** / 2005년 6월 16일 제319-2005-24호
**주소** / 서울 특별시 서 구 서 대로 141-25(방배동, 세일빌딩)
**전화** / 마케팅실 070) 4018-4141
**팩스** / 마케팅실 031) 902-7795
**홈페이지** / www.timothybook.com

**값** 9,000원
ISBN 978-89-388-1392-3 03230